Priska Lachmann

Mama. Frau. Königstochter.

Über die Autorin

Priska Lachmann, Jahrgang 1986, ist verheiratet und dreifache Mädchenmama. Seit ihrem Theologiestudium an der LEE University im US-Bundesstaat Tennessee und an der Universität Leipzig arbeitet sie als freie Journalistin und Redakteurin in Leipzig. Sie ist außerdem erfolgreiche Bloggerin auf dem Mamablogazin *mamalismus.de* und Gründerin des Leipziger Familienmagazins „Rosa Krokodil".

Priska Lachmann

Mama. Frau. Königstochter.

Wertschätzungen für Alltagsheldinnen

GerthMedien

Für meine drei großartigen Töchter

Inhalt

Vorwort von Veronika Smoor

Meine liebe Leserin,

keine Phase des Lebens ist so gigantisch umwälzend wie die Gründung einer Familie. Theoretisch wissen wir schon so vieles, aber wenn wir dann tatsächlich Richtung Kreißsaal geschoben werden, wenn wir im Wochenbett mit Brustentzündungen kämpfen, plötzlich die Einsamkeit mit Baby in den eigenen vier Wänden spüren, wenn wir uns fremd in unserem eigenen Körper fühlen, wir nicht mehr ein noch aus wissen angesichts der Flut von widersprüchlichen Informationen und Anforderungen, wie denn eine „gute Mutter" zu sein hat, dann möchten wir uns nur noch auf den Boden legen und eine ganze Weile leise in unser nach Milchspucke stinkendes T-Shirt weinen.

Ja, auch ich lag einige Male völlig erschöpft auf dem Boden des Kinderzimmers, während zwei fröhlich krähende Kleinkinder über mich purzelten und dabei lachten – und mein einziger Gedanke war: „Werde ich jemals wieder schlafen? Und wie viele Stunden hat dieser Tag eigentlich noch?"

Nun sind einige Jahre vergangen und aus den krähenden Kleinkindern sind ganz großartige, verantwortungsbewusste Schulkinder geworden. Ich habe sie überlebt, die einsamen Kleinkindjahre, und blicke staunend und tatsächlich auch wehmütig zurück. Was gäbe ich darum, noch einmal den Karamellduft meines Babys einzuatmen oder dieses übermütige Kleinkindlachen zu hören. Wie gut, dass ich Unmengen an Babyvideos gedreht habe, dass ich das zumindest noch hören (und sehen) kann!

Ungefähr Mitte des letzten Jahrhunderts erfuhr die Großfamilie – das seit Jahrhunderten bewährte Familienmodell – ihren Abstieg. Wir leben heute in Klein- und Kleinstfamilien: jede Familie, oftmals isoliert, in ihrer kleinen Wohnung oder in ihrem Reihenhäuschen. Uns fehlt der Großfamilienverbund. Die Mutter, die Oma, die Tante, die uns Rat geben, die uns im Wochenbett versorgen, unsere Kinder miterziehen, uns trösten und anfeuern.

Ich will hier nicht die Großfamilie romantisieren, denn manchmal kann sie auch ein System sein, in dem man seine Selbstbestimmung an der Haustür abgeben muss. Aber doch sind wir Menschen durch und durch auf Gemeinschaft angelegt. Muttersein darf deshalb keine Angelegenheit der Isolation sein. Fühlt es sich denn nicht auch total unnatürlich an, den ganzen Tag allein mit seinem Kleinkind und den eigenen Fragen und Bedürfnissen zu sein? Was ich mir gewünscht hätte als junge Mutter? Neben mehr Schlaf an erster Stelle: die Solidarität, den Trost und den Rat einer erfahrenen Frau. Wenige von uns können darauf wirklich zurückgreifen und finden sich stattdessen mit ihrem Baby in einer ähnlich überfordernden Situation wie ich damals wieder. Alleine.

Wie gut, dass es Bücher wie dieses gibt, das wie eine gute Freundin daherkommt. Wie gut, dass es eine Stimme gibt, die sagt: „Ich auch!“ Die Stimme meiner lieben Freundin

Priska Lachmann, die bereits den Weg der traumatischen Geburten, vollen Windeln und schlaflosen Nächte gegangen ist und nun am Wegrand steht und dein Cheerleader sein will!

Mach dich darauf gefasst, dass du dich auf den nächsten Seiten in einigen Situationen wiedererkennen wirst und erkennst, dass das, was du gerade erlebst, ein kollektives Erleben aller Mütter rund um den Erdball ist. Und dann kannst du üben, dich zu versöhnen mit allem Unfertigen, mit dem Chaos in deinen vier Wänden, mit deinem unperfekten Lebensentwurf, mit dem wenigen Schlaf und den hohen Wäschebergen.

Wir können das Rad der Geschichte nicht zurückdrehen und die Großfamilie wieder einführen (obwohl ich persönlich das prima fände), aber wir können Frauensolidarität üben. Wir können aus unguten Mustern und belastenden Situationen ausbrechen, indem wir ehrlich werden und unsere Bedürfnisse und unseren Schmerz offen äußern – und unsere leeren Hände öffnen, um sie von unserem Schöpfer neu füllen zu lassen.

Veronika Smoor

Einleitung

Vor ein paar Jahren wurde das Scheitern meines Lebens für alle sichtbar. Ich hatte auf kompletter Linie versagt, und alle in meiner Umgebung konnten dabei zuschauen, wie mein Leben auseinanderfiel.

Ich hatte in meinen eigenen Augen versagt als Mama, Frau und Königstochter. Vor Scham hätte ich mir gern ein Loch gebuddelt und mich eingegraben, aber das kam nicht infrage. *Aufstehen, Krone richten und weitergehen!* war die Devise. Wie es in meinem Herzen aussah, war jedoch eine ganz andere Sache. Niemandem außer meinen allerengsten Freunden und meiner Familie zeigte ich meine Tränen und meine Verunsicherung.

Manchmal rief ich abends meine Freundin an und fragte sie, ob sie vorbeikommen könne, um mich einfach nur in den Arm zu nehmen. Sie kam zehn Minuten später mit dem Fahrrad angeradelt und legte sich neben mich, nahm mich in den Arm, tröstete und hielt mich. Manchmal rief ich meinen besten Freund an, wenn ich sehr verzweifelt war, und fragte ihn, ob er jetzt sofort für mich beten könne – was er natürlich sofort tat.

Diese intimen Erlebnisse teile ich zum ersten Mal mit jemandem außerhalb dieses engsten Freundeskreises, nämlich mit dir. Sie zeigen eine ganz schwache, verletzliche

Seite von mir, die ich nicht sehr mag. Lieber möchte ich strahlend und fröhlich sein. Stark, fest im Glauben, theologisch fundiert und niemals scheiternd. Aber die Wahrheit sieht, wie bei allen anderen auch, anders aus. Denn die Wahrheit kennt Schmerz und Schwäche …

Wir leben in einer Welt, in einem Zeitalter der scheinbaren Perfektion. Auf *Instagram* werden unsere Fotos gefiltert und vermitteln so genau den Eindruck, den wir von uns preisgeben wollen. Wir wollen den Erwartungen entsprechen, die diese „perfekte Welt" an uns hat.

Wir sind einer permanenten Flut an perfekten Bildern ausgesetzt, von perfekten Frauen und Müttern und vielen anderen glücklichen, erfolgreichen Menschen. Alles ist voller Lachen und Glückseligkeit.

Noch dazu sind wir überflutet von unterschiedlichen Nachrichten, Meinungen und Überzeugungen, die jeden Tag auf uns einströmen und uns sagen, wie wir leben und uns optimieren sollen. Wir sitzen währenddessen aber in unserem realen Leben. Zwischen angebrannten Töpfen mit Essensresten, vollgespuckten Mullwindeln und ungewaschenen Vorhängen und haben noch dazu immer zu wenig Geld auf dem Konto.

Wir spüren manchmal wenig von dieser Glückseligkeit, die wir vermittelt bekommen, und die ganzen Meinungen, wie wir zu leben haben und was wir zu denken haben, können uns leicht überfordern.

Kennst du diese Verzweiflungsmomente, wenn du dir sehnlichst nur mal fünf Minuten für dich wünschst und dich im Bad einschließt? Weißt du, wovon ich spreche, wenn ich dir erzähle, dass ich manchmal im Bad dann heimlich weinen muss, weil ich so erschöpft und müde bin? So frustriert vom Alltag? So genervt von den Streitereien oder manchmal auch einfach nur so traurig?

Alle möglichen Gedanken schießen mir in diesen Momenten durch den Kopf und machen mir das Leben zusätzlich schwer. Lügen, die sich in meinem Herz festsetzen wollen, negative Überzeugungen, die mich zusätzlich runterziehen. Alles, was ich dann brauche, ist jemand, der diesen Stimmen die Wahrheit über mich entgegensetzt, der mir Worte des Trostes und Mitgefühls schenkt, Worte der Wertschätzung. Jemand, der mir sagt: „Du bist gut genug."

Genau diese Person möchte ich für dich in solchen Momenten sein. Deshalb schreibe ich dieses Buch. Ich will dich mit den unterschiedlichen Kapitelüberschriften bei deinen vertrauten Gedanken abholen und dir dann zusprechen: „Du rockst das. Du machst das fantastisch. Du bist genug. Gut genug. Und sogar mehr als das: Du bist eine unendlich geliebte, wundervolle Mama, Frau und Königstochter!"

Deine Priska

mama.

„Das ist die schwerste Zeit meines Lebens“

Ich schaue hinauf zu den Bergen – woher kann ich Hilfe erwarten? Meine Hilfe kommt vom Herrn, der Himmel und Erde gemacht hat! *Psalm 121,1–2*

Ich war 23, als meine große Tochter geboren wurde. Und ich war damals überhaupt nicht bereit, Mutter zu sein. Ich *dachte*, ich sei bereit dafür, aber in der Realität war ich es ganz und gar nicht. Schon die Geburt war schwer – der Geburtsbericht des Krankenhauses liest sich wie eine wahre Horrorgeschichte.

So hatte ich eine Risikogeburt, bei der ich fast gestorben wäre. Beinahe wäre ich aufgrund eines Zervixrisses am Gebärmutterhals innerlich verblutet, weil das diensthabende Personal unaufmerksam war beziehungsweise mich nicht so versorgte, wie es nötig gewesen wäre. Meine zuständige Hebamme, die mit Jacke und Stiefeln nach 26 Stunden noch mal in den Kreißsaal kam und eingriff, um die Geburt endlich zu vollenden, und mein Frauenarzt, der vier Stunden später „nur noch mal nach mir schauen wollte“, meinen starken Blutverlust registrierte und dann innerhalb von zwei Minuten eine Not-OP mit Vollnarkose direkt im Kreißsaal durchführte, retteten mir das Leben. Völlig kraftlos und hilflos ließ mich diese Geburt zurück.

Ich konnte in den ersten Tagen danach nicht einmal sitzen, geschweige denn aufstehen. Ich konnte mein Baby nicht allein aus seinem Bettchen heben, geschweige denn allein auf die Toilette gehen. Die Hebammen erlaubten mir nicht, meine Tochter bei mir im Bett zu lassen. Trotz der Diskussionen und meiner verzweifelten Bitten legten sie mein Baby doch immer wieder ins Säuglingsbett zurück. Also musste ich jedes Mal nach jemandem rufen, wenn meine Tochter weinte und ich sie zu mir holen wollte.

Das ist inzwischen elf Jahre her und so etwas ist mir in keinem anderen Krankenhaus und bei keiner anderen Hebamme jemals wieder passiert. Aber diese Erfahrungen hinterließen ein Trauma bei mir, was ich erst bei der Geburt meiner zweiten Tochter als ein solches erkannte. Meinem persönlichen Geburtstrauma war es auch geschuldet, dass ich nach der Geburt meiner ersten Tochter keine direkte Bindung zu ihr aufbauen und ich nicht in vollem Maße für sie da sein konnte.

Ich hatte Schwierigkeiten, mich in meiner Mutterrolle zurechtzufinden. Ich wusste nicht, woran ich merke, dass meine kleine Tochter satt ist; ich wusste nicht, wie ich sie wieder von meiner Brust „wegbekomme". Ich wusste nicht, ab wann ich Beckenbodentraining machen muss, wie oft man wickelt und dass es statt Fencheltee in der ersten Woche nach der Geburt auch andere Lösungen gibt. Ich war ahnungslos. Hilflos. Überfordert.

Es brauchte Monate und Jahre, bis ich in meiner Rolle

als Mama richtig ankam. Diese Monate und Jahre fühlten sich unendlich schwer an. Sie waren dominiert von Tränen, Babygebrüll, schmerzenden Stillbrüsten, Geburtsverletzungen, seelischem Schmerz und dem grundlegenden Gefühl, sich völlig verloren und überfordert zu fühlen. Meine Realität als junge Mama hatte nichts mit dem seligen Familienglück zu tun, wie es einem so oft vorgegaukelt wird. Ich hatte tatsächlich das Gefühl, dass ich gerade die schwerste Zeit meines Lebens durchmachte.

Schwere Zeiten kommen meistens unerwartet. Wir können uns nicht darauf vorbereiten und den Schmerz deshalb nicht abfedern. Sie treffen uns von hinten und oft genau da, wo es am meisten wehtut. Wir verabscheuen schwere Zeiten und wollen sie tunlichst vermeiden. Wir wollen die Kontrolle in unserem Leben nicht abgeben müssen und keineswegs den Boden unter unseren Füßen verlieren. Aber schwere Zeiten sind oft genau die Zeiten, in denen wir am meisten wachsen. Zeiten, die wehtun, bringen uns dazu, über uns selbst hinauszuwachsen. Unser Charakter formt sich und unser Herz wird fester. Schwere Zeiten brechen unseren Stolz. Sie machen uns verletzlich und brechen die harte Schale um unser Herz auf, sodass wir empfindsamer werden und unser wahres Selbst authentischer zeigen können.

Und mittlerweile glaube ich, es gibt keine bessere Schule für unseren Charakter und unser Herz als unsere ersten Mamajahre. Vielleicht sollten wir uns von der Idee verabschieden, dass Kinder uns immer nur glücklich machen, und vielmehr erwarten, dass sie uns zu weiseren und stärkeren Persönlichkeiten heranwachsen lassen.

Ich frage mich, wie wir überhaupt auf die Idee gekommen sind, dass Kinder uns glücklich machen müssten? Ist es nicht sogar unfair, unseren Kindern diese Last aufzubürden?

Wenn wir Leid und Schweres aus unserem Leben verbannen wollen, verbannen wir damit auch die Chance auf persönliches Wachstum. Wenn sich etwas schlecht anfühlt, muss es deshalb nicht unbedingt falsch sein. Und wenn Kinder uns eine Zeit lang oder nicht durchgehend glücklich machen, muss die Entscheidung, sie bekommen zu haben, ebenfalls nicht falsch gewesen sein. Genauso wenig wie an dir als Mama etwas falsch sein muss, nur weil du dich nicht permanent im glückseligen Mutterglück wiegst!

Doch niemand hatte mich auf diese Realität vorbereitet. Schmerzende Betonbrüste trafen auf riesige Krankenhauswindeln in Netzschlüpfern und warme Wasserduschen beim Toilettengang. Niemand hatte mir erzählt, dass ich einmal mit Quarkwickeln auf meinen riesigen Brüsten auf unserem Sofa sitzen würde, während ich auf den angekündigten Besuch warte. Niemand hatte mir gesagt, dass ich dankbar sein würde, wenn ich es auch nur in die Dusche schaffen würde. Niemand hatte mir gesagt, wie schwer es sein würde, sich in dem Dschungel aus Informationen über Biomöhren, Pre-Nahrung, Bonding und dem richtigen Schlafverhalten zurechtzufinden.

Ich war erschöpft, oftmals den Tränen nahe und gleichzeitig unsterblich verliebt in dieses zuckersüße Wesen. Ich wollte ihr die Welt zu Füßen legen, alles richtig machen und die beste Mutter ever sein. (Natürlich hat das nicht funktioniert.) Aber ganz ehrlich: Die erste Zeit war wirklich schwer, und ich empfand nicht immer nur das pure Mutterglück, wie ich es mir erträumt hatte.

Aber wie gut ist es, dass sich über die ganze Schwere dennoch dieser rosa Schleier der ersten Verliebtheit legte. Wie gut, dass kleine Babys so zuckersüß sind, so gut duften und die wunderschönsten kleinen Zehen haben, die man sich vorstellen kann!

Das Muttergefühl und die tiefe Liebe zum Kind sind oft nicht von heute auf morgen da. Und das ist okay. Dafür musst du dich nicht schuldig fühlen oder schämen. Du kannst eine wunderbare Mama sein, *obwohl* du die Zeit gerade als die schwerste deines Lebens empfindest. Und für alles andere lass dir Zeit. Glaub mir, du wächst ganz automatisch in deine Rolle als Mama hinein.

Manche Frauen haben dieses „Mama-Gen“ so stark in sich, dass sie nicht erst in ihre neue Rolle hineinwachsen müssen, aber bei mir war das definitiv nicht der Fall. Ich brauchte Zeit. Aber ich darf vermelden, dass ich inzwischen eine richtige Mama bin. Mit Leib und Seele. Manchmal zu gluckenhaft, manchmal zu nachlässig. Perfekt unperfekt eben. Und bei keinem meiner zwei anderen Kinder habe ich die Anfangszeit jemals wieder als so schwer und heftig empfunden wie bei meinem ersten.

Wie gut, dass wir an unseren Herausforderungen wachsen und wissen dürfen, dass es besser wird. Wie gut, dass sich wahres Mutterglück und die schwerste Zeit deines Lebens vereinbaren lassen!

Vater im Himmel, diese Phase erscheint mir unendlich schwer. Niemals hätte ich gedacht, dass es sich so ermüdend und erschöpfend anfühlen kann, Mutter zu sein. Ich bin enttäuscht, weil ich mir diese Zeit ganz anders vorgestellt habe. Bitte hilf mir, mit meiner Enttäuschung umzugehen. Hilf mir, damit Frieden zu schließen und diese Zeit trotzdem zu genießen.

Ja, vor dir liegt vielleicht die schwerste Zeit deines Lebens, aber früher oder später wirst du auch eines sein: schwer verliebt in dieses kleine Wesen!

Julia:
„Unser Sohn war ein Wunschkind. Allerdings war er kein gut schlafendes, entspanntes Baby, sondern er schrie stundenlang. Jeden Tag. Das war die schwerste Zeit meines Lebens. Nervlich brachte mich das an den Rand des Aushaltbaren. Ich dachte oft nur noch, dass ich will, dass es endlich aufhört. Geholfen hat uns, dass wir uns professionelle Hilfe gesucht haben und eine Osteopathin, die meine Hilflosigkeit aufgefangen hat.“

„Ich bin einsam"

Jesus Christus spricht: „Ihr dürft sicher sein: Ich bin immer bei euch, bis das Ende dieser Welt gekommen ist!" *Matthäus 28,20*

Stundenlang allein spazieren gehen, Windeln wechseln, stillen, das Kleinkind versorgen, kochen, den „Mount Washmore" besteigen, putzen, vielleicht noch etwas arbeiten oder studieren. Die Tage mit Kindern, besonders mit Babys, fühlen sich oft endlos und ziemlich einsam an. Manchmal trifft man eine Freundin, die ebenfalls einen Kinderwagen vor sich herschiebt. Dann spürt man wieder etwas von der alten Freiheit, man fühlt sich verstanden und nimmt am Leben der jeweils anderen teil, aber zwei Stunden später ist man wieder allein zu Hause, wäscht vollgespuckte Lätzchen, kocht Brei und sehnt den Abend herbei.

Nein, natürlich ist es nicht immer so negativ. Ein Baby zu haben ist auch wunderschön. Es legt seine Ärmchen um dich, liebt dich bedingungslos, und wenn es dich anlacht, ist die Welt ein kleines Stückchen besser. Babys sind ein riesiges Geschenk und können einem Momente der tiefsten Glückseligkeit und Erfüllung schenken. Dennoch kann man diese einsamen, leeren Tage nicht einfach ignorieren.

Ich bin nicht gern allein – nur zu Hause fühlt sich das fantastisch an. Allein unterwegs sein mag ich jedoch gar nicht. Zum Glück habe ich immer mindestens ein Kind bei mir, hinter dem ich mich verstecken kann. Ja, ich glaube, ich habe es deshalb verlernt, allein zu sein. Früher war ich gern allein. Ich bin sogar allein ins Kino gegangen, wenn niemand konnte. Ich fand es großartig, allein shoppen zu gehen und mich mit einem Buch ins Café zu setzen.

Jetzt fühlt sich das komisch an. Wenn ich mal kein Kind bei mir habe, so habe ich glücklicherweise immer noch mein Handy und kann damit in Kontakt zu vielen lieben Menschen treten. Das ist auch gut und wertvoll, trotzdem darf das Handy nicht zu einer permanenten Flucht vor dem Alleinsein mit uns selbst werden. Wir müssen neu lernen, diese stillen Zwischenmomente auszuhalten. Nur dann hat der überhaupt eine Chance, mit seiner liebenden Stimme zu uns durchzudringen, der unsere Einsamkeit sieht und sagt: „Ich bin immer bei euch, bis das Ende dieser Welt gekommen ist“ (Matthäus 28,20).

Ich ertappe mich sogar dabei, wie ich auf dem Spielplatz sitze und schon nach zwei Minuten Ruhe mein Handy heraushole, wenn die Kinder gerade spielen und mich nicht brauchen. Ich fühle mich allein. Und das halte ich nicht lange aus. Doch wie war das früher, als ich tatsächlich noch allein war, ohne Kinder? Wieso kann ich heute nicht mehr allein sein, ohne dass es sich irgendwie merkwürdig und einsam anfühlt?

Dabei bin ich im Urlaub doch so gern alleine. Ich flüchte regelrecht in die Einsamkeit und Zurückgezogenheit und liebe es sogar, dort keinen Handyempfang zu haben.

Das Alleinsein im Alltag fällt mir jedoch schwer. Da werden schnell Stimmen in mir laut, die mich als „einsam" betiteln. Gedanken, die mir eintrichtern wollen, dass ich keine Freunde habe und sich niemand mit mir treffen möchte. Dabei habe ich viele Freunde und gar keine Zeit, alle regelmäßig zu sehen. Und doch gibt es diese Momente, in denen ich mich allein fühle. Allein mit meinem Muttersein. Allein mit meinen Sorgen, Ängsten und Empfindungen.

Unsere Gesellschaft ist laut und hektisch und nahezu überall sind wir umgeben von unterschiedlichen Stimmen und Geräuschen. Nie ist da wirkliche Ruhe. Im Auto machen wir das Radio an. Im Geschäft dudelt uns die richtige Musik ins Ohr, damit wir auch ja gut gelaunt und kaufwillig werden. Auf der Arbeit und in der Schule – überall sind wir umgeben von Menschen, ihren Worten und ihren Meinungen. Und abends schalten wir dann den Fernseher oder *Netflix* ein, um uns weiterberieseln zu lassen.

Wir haben uns so sehr an all diese Hintergrundgeräusche gewöhnt, dass sie uns schon gar nicht mehr auffallen. Vielen von uns würden sie sogar fehlen, denn sie schützen uns vor der Einsamkeit der Stille. Solange sie da sind, fühlen wir uns nicht allein. Oder wer von euch hat nicht schon mal den Fernseher oder das Radio eingeschaltet, damit er sich beim Essen nicht so einsam fühlt?

Wenn ich mit mir allein bin, ohne irgendwelche Ablenkungen von außen, dann muss ich mich mit mir auseinandersetzen. Vielleicht fürchten wir uns deshalb so vor dem Alleinsein, weil wir mit uns selbst nicht wirklich zurechtkommen.

Kann es sein, dass wir unsere eigene Gesellschaft meiden, weil wir nicht unnötig viel Zeit mit uns selbst verbringen wollen? Kann es sein, dass wir uns selbst nicht besonders mögen?

Ich wage zu behaupten, dass das besonders für Mamas gilt, die in all dem Windelnwechseln und Versorgen womöglich gar nicht mehr wissen, wer sie selbst sind, und/oder die aufgrund der unerreichbar hohen Ansprüche an sich selbst tief im Innern total ungnädig mit sich selbst umgehen und vielleicht sogar auf Kriegsfuß stehen.

Und immer wenn wir mit uns selbst nicht klarkommen, versuchen wir, vor uns selbst zu fliehen – vielleicht mithilfe eines regelmäßigen Gläschens Wein am Abend oder der regelmäßigen Tafel Schokolade, vielleicht aber auch, indem wir die Stille und das Alleinsein meiden und uns in unterschiedliche Beziehungen stürzen, in denen wir uns verlieren. Wir betäuben damit den Schmerz in uns jedoch nur und machen uns abhängig von diesen Dingen oder Personen. Deshalb ist es umso wichtiger, dass wir in die Stille gehen und dort frei werden.

Das Wichtige ist, nach den Ursachen für das eigene Empfinden zu forschen: Warum bin ich eigentlich nicht gern allein? Woher kommt dieser tiefe Schmerz in mir? Warum mag ich mich nicht wirklich? Es geht darum, die Ursachen zu finden und nicht nur die Symptome zu behandeln. Wir müssen anfangen, der Wahrheit ins Angesicht zu schauen, denn nur die macht uns frei.

Die Alternative zu ungesundem Konsum von Drogen oder von mir aus auch nur zu Schokolade, emotionalen Abhängigkeiten zu Menschen und permanenter Betriebsamkeit als Ablenkungsmanöver besteht darin, eben nicht wegzulaufen und sich dem Schmerz zu stellen, den wir fühlen, wenn wir wirklich einmal Ruhe haben. Wenn wir allein sind. Und dass wir dann lernen, die Gedanken und Emotionen auszuhalten, die in der Stille hochkommen und die wir meistens nicht haben wollen. Bei mir ist es zum Beispiel die nagende Angst, verlassen werden zu können oder schon jetzt eigentlich ein einsamer Mensch zu sein.

Ist es vielleicht möglich, dass wir nicht allein sein wollen, weil wir den Schmerz als unseren Feind betrachten und versuchen, ein weitestgehend schmerzfreies Leben zu führen? Dabei ist der Schmerz nicht per se negativ. Gäbe es keine Schmerzen, würden wir unsere Hände auf der heißen Herdplatte liegen lassen und uns verbrennen.

Schmerz macht uns darauf aufmerksam, dass etwas nicht stimmt. Und das gilt genauso für den emotionalen Schmerz. Wir müssen aufhören, vor unseren Problemen mit uns selbst wegzurennen. Wir müssen aufhören, uns in den Momenten der Stille zu betäuben, um uns ja nicht mit uns selbst auseinandersetzen zu müssen. Geben wir uns nicht mehr mit oberflächlichen Lösungen zufrieden, sondern lasst uns lieber danach streben, wirklich frei zu werden. In der Stille. In der Konfrontation mit uns selbst. Und vor allem in der Gemeinschaft mit Gott, die genau dort möglich ist. Und dann lasst uns anfangen, wieder gern mit uns allein zu sein!

Und wenn du dich trotzdem noch allein fühlst, die Einsamkeit mal wieder nagend ist und der Tag endlos erscheint, dann mach dir bewusst, dass diese Tage begrenzt sind, dass sie nur eine kurze Zeit andauern. Dann kannst du es vielleicht sogar schaffen, sie wertzuschätzen! Stundenlange Spaziergänge im Park mit Podcasts im Ohr und einem Coffee to go in der Hand, monotone Fernsehserien, Mittagsschläfe und Zoobesuche, schöne Treffen mit der Freundin, die auch schon ein Baby hat, ganz viel gemeinsame Zeit mit dem Kind – gerade Letzteres ist so kostbar und geht, im Nachhinein betrachtet, viel zu schnell vorbei. Also nutze die nächsten Momente der Einsamkeit doch mal bewusst, um innezuhalten und diese besondere Zeit in vollen Zügen zu genießen!

Gott, ich möchte gern die Zeit mit meinem Kind genießen können, aber die Einsamkeit als Mutter macht mich manchmal sehr traurig und lässt mich hilflos fühlen. Hilf mir, die negativen Gedanken abzuschalten und diese kurze Zeit so zu akzeptieren, wie sie ist. Hilf mir, mit mir allein klarzukommen, und schenk mir Frieden.

Du fühlst dich vielleicht einsam,
aber du bist nie allein.

Theresa:
„Ich war sehr jung, als ich mein erstes Kind bekommen habe, und war die erste Mama im Freundeskreis. Ich war dadurch sehr einsam, weil ich abends nicht mehr weggehen konnte oder auch wollte. Auch mental fühlte ich mich allein, weil sich die Denkweisen ändern mit einem Kind und viele nicht verstehen konnten, dass wir unser Kind tatsächlich so jung geplant hatten."

„Seit ich Kinder habe, ist mein Körper nicht mehr derselbe“

Herr, ich danke dir dafür, dass du mich so wunderbar und einzigartig gemacht hast! Großartig ist alles, was du geschaffen hast – das erkenne ich! Psalm 139,14

Spoiler: Das hier wird kein ganzes Kapitel über die „Schau-dich-im-Spiegel-an-und-sag-dir-dass-du-dich-schön-findest“-Challenge. Bücher mit solchen Botschaften gibt es genug, aber falls du das noch nie getan hast, solltest du es tatsächlich unbedingt tun! Ja, stell dich nackt vor den Spiegel. Trau dich. Schau genau hin. Und dann such dir etwas an dir aus, was du richtig gut findest. Vielleicht deine Brüste. Oder den einen kleinen Leberfleck. Oder deine eleganten Finger. Und dann sag deinem Körper „Danke“ dafür, dass er dich durch den Tag trägt – und schon all die Jahre durch dein ganzes Leben getragen hat. Danke ihm dafür, dass er deine Kinder geboren hat, dass dein Herz schlägt und du atmest. Das ist so viel wert und beim besten Willen nicht selbstverständlich! Es wird also Zeit, den eigenen Körper mehr wertzuschätzen.

Seit den letzten Jahren passiert etwas ganz Wunderbares in unserer Gesellschaft: Frauen werden Vorreiter in Sachen Selbstannahme und erkämpfen sich Anerkennung für ihre ganz normalen, fraulichen Körper zurück. Frauen wenden sich gegen das verzerrte Bild der Werbeindustrie und wollen sich einfach wieder wohlfühlen in ihrer Haut, so, wie sie sind. Sport, Pflege und gesunde Ernährung sind immer gut – das ist mir wichtig, an dieser Stelle zu betonen, damit hier keine ungesunden Angewohnheiten glorifiziert werden –, aber: Wie wunderbar wäre es, wenn Frauen mit Schwangerschaftsnarben oder Orangenhaut, Frauen mit kleinen Brüsten oder großen Brüsten, kleine Frauen, große Frauen, schlanke Frauen, kräftige Frauen – einfach *alle* Frauen – als total und absolut in Ordnung befunden werden würden? Wenn sich *jede* Frau gleichermaßen wundervoll fühlen würde?

Wir sind ohnehin so viel mehr als unsere vorhandenen oder eben auch nicht vorhandenen Modelmaße! Wir feierten die Sängerin Adele doch zum Beispiel auch mehr für ihre großartige Stimme als dafür, dass sie später plötzlich spindeldürr geworden ist, oder nicht?

Ich glaube, als Frauen müssen wir zuallererst solidarisch untereinander sein. Wir müssen Seite an Seite stehen und uns gegenseitig darin unterstützen, sein zu dürfen, wie wir sind. Ohne Konkurrenzdenken. Ohne Neid. Ohne abfällige Kommentare. Wir müssen erkennen: Indem wir bei diesem Mager- und Schönheitswahn mitmachen, diskriminieren wir uns als Frauen nur selbst.

Wir sind viel zu kritisch mit uns selbst, aber auch untereinander. Ja, wir diskriminieren uns gegenseitig, indem wir diese schrecklichen Zeitschriften mit Überschriften wie

„Endlich schlank! Entdecke die neue Diät" oder „Winterspeck? XY hat 30 kg zugenommen" kaufen.

Ich frage mich ernsthaft, warum wir nicht emanzipiert genug sind, um uns von diesem furchtbaren, hauptsächlich männergemachten gesellschaftlichen Druck zu lösen und endlich eines zu erlangen: Freiheit. Freiheit, die Frau zu werden, die wir bestimmt sind zu sein. Freiheit, stark und selbstbewusst zu sein, um die Mutter, die Ehefrau, die Freundin, die Partnerin und die Arbeitnehmerin zu sein, die in uns steckt. Schluss mit falschen Vorstellungen, Schluss mit Scham, Schluss mit Shapewear und Body-fit-Badeanzügen, in denen wir kaum Luft bekommen.

Ich glaube, noch nie in der Geschichte haben sich Frauen so sehr mit ihrem Äußeren beschäftigt wie heute. Einerseits liegt das an der manipulativen Werbung der Massenmedien, andererseits aber auch daran, dass Frauen sich mit ihrer Schönheit selbst vermarkten und somit selbst zum Objekt machen. Dabei sollten wir Frauen viel eher auf die Schaltzentren der Macht Druck ausüben, um diese auszuhebeln und positive Veränderungen hervorzubringen. Stell dir vor, wir würden da alle einfach nicht mehr mitmachen!

Frauen sind schön, ohne Frage. Wir lieben Schönheit, wir lieben schöne Dinge. Aber wir vergessen manchmal, dass unsere wahre Identität und unsere Erfahrungen viel wichtiger sind im Leben. Unsere Schönheit und alle schönen Dinge sind vergänglich. Weisheit, Intelligenz und Erfahrung sind es nicht.

Stell dir vor, wir Frauen würden uns alle gesammelt dazu entscheiden, dass Schönheit nicht mehr ausschlaggebend sein soll für unseren beruflichen Erfolg, für unser Selbstwertgefühl, für unser Sexleben und unser Liebesleben. Stell dir vor, wir würden plötzlich alle aufhören, uns zu schminken, und stattdessen wie die Männer nur noch unsere Haare kämmen. Wäre das nicht revolutionär? Wären wir überhaupt dazu bereit?

Versteh mich bitte nicht falsch, ich habe nichts gegen Schminken, aber es ist doch irgendwie traurig, dass wir Frauen offensichtlich die Notwendigkeit sehen, uns erst „schön machen“ zu müssen, anstatt zu glauben, dass wir es bereits sind – jede auf ihre ganz eigene Art und Weise. Warum unterstützen wir also noch diese perfektionistischen Schönheitsideale mit unserem Verhalten und unterstützen uns nicht noch viel mehr untereinander? Warum, zum Beispiel, muss sich eine Frau schämen, wenn sie kurz nach der Geburt so aussieht, als sei sie immer noch schwanger? Warum sollte es für eine Frau einfacher sein, einen Job zu bekommen, nur weil sie schön ist? Warum sollte es nicht ausschließlich um ihre Persönlichkeit und ihre Fähigkeiten gehen? Warum ist es für meine Freundin schwer, nach ihrer Schwangerschaft wieder auf der Bühne zu stehen, bloß weil sie nicht mehr so schlank ist wie vorher? Warum werden Frauen von ihren Männern gedemütigt und zu Opfern von Sexismus und Machtmissbrauch und wir lassen es zu?

Wir Frauen sollten viel enger zusammenstehen und uns gegenseitig Unterstützung zusprechen. Wir sollten weniger Kritik aneinander üben, uns weniger vergleichen und mehr Toleranz und Freundlichkeit untereinander zeigen. Egal, wie die andere Frau lebt, ob sie Karriere macht und ihre Kinder tagsüber bei einer Nanny sind, egal, ob sie Hausfrau ist und genau darin aufgeht, egal, ob sie geschieden und alleinerziehend ist oder seit 25 Jahren glücklich verheiratet. Egal, ob sie zu viel oder zu wenig wiegt. Egal, ob sie mit Bäuchlein und Hängebusen oben ohne in der Sonne liegt oder ob sie viermal pro Woche im Fitnessstudio Gewichte stemmt und nur aus Haut und Muskeln besteht.

Wir brauchen weniger Verurteilung und viel mehr Freundlichkeit untereinander. Weniger Zickereien und Konkurrenzdenken und mehr Frauensolidarität. Ich bin überzeugt davon, wenn wir als Frauen zusammenstehen und eine andere, gesündere und gnädigere Haltung zu unserem Körper vertreten und auch nach außen kommunizieren, dann verringert sich auch der „Leidensdruck" jeder einzelnen Frau, die damit zu kämpfen hat, dass ihr Körper nach der Geburt nicht mehr so aussieht wie vorher und dass sie sich jetzt erst recht weit entfernt vom allgemeinen „Schönheitsideal" fühlt.

Liebe Mama, die du das liest und gerade traurig über dein Aussehen bist, lass mich dir eines sagen: Es stimmt, dein Körper ist nicht mehr derselbe, weil er etwas Wundervolles vollbracht hat. Er hat dir das Wunder eines neuen Lebens geschenkt! Die Veränderungen, die du jetzt an ihm siehst, sind deshalb keine Makel oder Problemzonen, sondern eine Erinnerung an dieses Wunder. Du warst also nie so *wunder*schön wie jetzt!

Herr, ich bin so traurig darüber, wie ich aussehe. Ich sehe andere, viel schönere Frauen und möchte weinen, wenn ich mich im Spiegel anschaue. Ich bin unzufrieden und vergesse doch, dass ich glücklich sein kann, dass ich lebe und einen Körper habe, der mich durch den Tag trägt. Ich möchte lernen, mich zu lieben. Ich möchte lernen, mich anzunehmen, wie ich bin, und meine Scham zu überwinden. Bitte hilf mir dabei!

Es stimmt, dein Körper ist nicht mehr derselbe, weil er jetzt Spuren eines Wunders trägt!

Julia:
„Für mich als Musikerin und Bühnenmensch war es furchtbar, dass mich keiner darauf vorbereitet hatte, was bei einem Kaiserschnitt mit meinem Körper passieren kann. Mein Leben hat sich durch diesen Eingriff um 360 Grad gedreht, mein Körper wird nie wieder so sein wie vorher, wenn es nach der Meinung der Ärzte geht. Mir haben Instagram-Accounts geholfen, die über das echte Leben als Mutter schreiben und mir dadurch das Gefühl geben, nicht allein zu sein."

„Niemand ist so chaotisch wie ich“

„Denn ich werde kommen und mitten unter euch wohnen!“ Sacharja 2,14

Lebst du im Chaos? Und du hast Angst, weil jemand spontan zu Besuch kommen möchte? Du kannst in deiner eigenen Wohnung nichts mehr wiederfinden, aber eine Putzhilfe zu engagieren ist dir zu peinlich? Du hast im Kühlschrank verschimmelten Quark gefunden und dabei festgestellt, dass du vielleicht das Gemüsefach auch mal wieder auswischen solltest? Du hast dein Kind dabei erwischt, wie es sich etwas in den Mund gesteckt hat, was schon wochenlang unterm Tisch geklebt hat? Deine Fenster sind so schmutzig, dass du nicht mehr rausschauen kannst? Du bist neulich nachts über irgendetwas Undefinierbares gestolpert und hast dir dabei wehgetan? Du hast ständig schlechte Laune, wenn du dich zu Hause umschaust, und alles wächst dir über den Kopf?

Dann kann ich nur sagen: „Willkommen im Klub, meine Liebe!“ Erst vor ein paar Wochen gab es bei mir wieder diesen Moment, den mit Sicherheit jede Frau, jede Mama schon einmal erlebt hat. Ich habe mich mit meinem Mann gestritten. Ich weiß gar nicht mehr, warum, aber wahrscheinlich wegen irgendeiner Lappalie. Jedenfalls fand ich mich, um mich abzulenken, zwei Minuten später mit einem Wischlappen im Bad wieder, während er auf dem Sofa saß und eingeschnappt Fußball schaute. Heiße, bittere Tränen rollten mir über die Wangen. Ich war erschöpft, suhlte mich im Selbstmitleid und jammerte über mein Leben, mein ganzes Dasein – und vor allem über diese schrecklich unaufgeräumte Wohnung, die mir in diesem Zustand ganz besonders chaotisch vorkam. Wischlappenschwingend weinte ich allen Kummer heraus. Minutenlang. Bis irgendwann mein Mann hinter mir stand und mich in den Arm nahm – und plötzlich war alles nicht mehr ganz so schlimm.

Aber weißt du, während ich mit dem Wischlappen in der Hand heulend im Bad stand, musste ich daran denken, dass es da draußen noch mehr Mamas wie mich gibt … Wie oft haben wir diese Momente der absoluten Verzweiflung, in denen wir uns ins Bad flüchten und einfach nur weinen wollen. Wenn du also gerade weinend im Bad stehst und das Gefühl hast: „Bei uns zu Hause ist es furchtbar unordentlich, ich bekomme das einfach nicht in den Griff“, dann sei dir gewiss: Du bist damit nicht allein. Die Mamas, bei denen immer alles perfekt aussieht, gibt es nur ganz selten – und bei *Instagram* …

Trotzdem haben mir vier ganz praktische Lösungen geholfen, mit meiner Unordnung besser umzugehen, die ich gern mit dir teilen möchte. Vielleicht sind sie nichts komplett Neues, aber in der Phase totaler Überforderung kann es dennoch gut sein, sich diese Dinge einfach noch mal bewusst zu machen.

Lösung 1: Nobody is perfect! 80 Prozent sind völlig in Ordnung, Perfektionismus braucht niemand. Also, schraube deine Ansprüche an dich herunter und gebe dich fürs Erste damit zufrieden, dass deine Wohnung zumindest nicht (mehr) komplett chaotisch ist. Es kann auch sehr sinnvoll sein, erst mal nur mit einem Zimmer anzufangen oder sich jeden Tag nur 5–10 Minuten zu nehmen, um das Gröbste wegzuräumen. Du wirst staunen, wie viel man in 5 Minuten schon erledigen kann!

Lösung 2: Sucht euch eine Haushaltshilfe, wenn ihr es euch finanziell leisten könnt. Hilfe zu suchen ist völlig okay, es ist nicht peinlich, sondern bringt euch Entlastung und anderen Leuten einen Arbeitsplatz.

Lösung 3: Entrümpeln. Frei nach Marie Kondo und ihrem wunderbaren Haushaltsplaner könnte man damit anfangen, die Wohnung oder das Haus zu entrümpeln. Man fängt beim Kleiderschrank an und endet bei den Dingen, die mit besonderen Erinnerungen verknüpft sind. Alles, was einen beim ersten Anblick nicht glücklich macht, muss weichen.

Diese Form von Minimalismus kann sehr befreiend sein. Kinder können besser spielen, wenn ihre Zimmer nicht übervoll sind, das Putzen dauert nicht mehr so lange, wenn weniger Dinge in der Wohnung rumstehen, und man findet seine Papiere besser. (Natürlich sind diese Dinge auch möglich, wenn man sich nicht strikt an das System von ihr hält!)

Im vergangenen Jahr hat Marie Kondo mit ihrer *Netflix*-Serie „Aufräumen mit Marie Kondo“ Dutzende Familien beeinflusst. Unsere auch: So habe ich in einem Aufräumwahn leider auch unsere Weihnachtskugeln entsorgt, wie ich im vergangenen Dezember mit einem lachenden und einem weinenden Auge feststellen musste.

Trotzdem merke ich spätestens im Urlaub immer wieder, dass wir eigentlich gar nicht so viele Dinge brauchen, wie wir besitzen. Wir haben immer noch wirklich viel, deshalb sind wir von echtem Minimalismus auch noch meilenweit entfernt. Aber ein minimalistischer Lebensstil muss ohnehin nicht nur unsere materiellen Dinge betreffen. Es kann auch darum gehen, das zu minimieren, womit wir unsere Seele jeden Tag vollstopfen. Wir sollten uns immer mal wieder fragen: Was macht es mit uns, dass wir so viele Kontakte im Telefonbuch haben? So viele Menschen, die uns gleichzeitig *WhatsApp*-Nachrichten schreiben. So viele, die wir auf *Instagram* abonniert haben und die uns eigentlich kein gutes Gefühl vermitteln? Und womit füllen wir unseren Geist den ganzen Tag? Mit zu vielen Kitschromanen, die uns die Realität in einem grauen Licht erscheinen lassen? Mit Filmen und Videos, die deine Seele belasten?

Auf welche unnötigen oder auch unguten Einflüsse und Reize könntest du verzichten? Worauf möchtest du stattdessen deinen Fokus setzen? Unser Herz muss vor allem frei werden von Verbitterung. Dazu müssen wir uns fragen: Wem haben wir bisher nicht vergeben, wo sind wir nicht frei von Bindungen zu Menschen und deren Negativität, die unser Leben beeinflusst?

Ja, wir können versuchen, nicht nur unsere Wohnung oder unser Haus, sondern auch unsere Seele, unseren Geist und unser Herz zu entrümpeln, damit wir bewusster leben, fokussierter auf das Wesentliche. Durch Minimalismus können wir Ordnung in unser Leben und in unsere Wohnung bringen – wenn auch erst mal in kleinen Schritten!

Lösung 4: Tatsächlich gibt es ganz einfache und leichte Hilfen, um das Gefühl der totalen Überforderung in den Griff zu bekommen. Vielleicht bist du von Geburt an ein strukturierter, ordentlicher Mensch, für alle anderen gilt: Kein Problem, man lernt ganz schnell, Ordnung zu halten. Und wenn ihr nach diesem Kapitel das Buch zuschlagt, verspreche ich euch, dass ihr niemals wieder heulend mit Putzlappen im Bad stehen müsst. Die Lösung steckt in kleinen Routinen. Morgenroutinen und Abendroutinen:

Ich bin Teil einer *Facebook*-Gruppe, die sich „Flykondo" nennt. Hier tummeln sich Tausende Frauen, die sich darüber austauschen, wie sie besser putzen können. Ich verstehe tatsächlich leider auch nach vielen Monaten noch nicht, warum in dieser Gruppe so wenige Männer sind. Männer sind absolut mitverantwortlich und dürfen auch putzen! *Sollen* auch putzen! Denn eine Haushaltshilfe ist natürlich toll, aber viele können sich einfach keine leisten oder finden keine. Und eigentlich ist eine Haushaltshilfe auch keine Lösung, wenn man es niemals wirklich geschafft hat, Ordnung zu halten.

Minimalismus und ein aufgeräumte(re)s Zuhause, da bin ich mir sicher, tun unserer Seele gut. Aber, hier kommt mein großes Aber: Wenn du ein Kleinkind zu Hause hast, wenn du den ganzen Tag das Gefühl hast, zu nichts zu kommen, wenn die Wäscheberge sich auf dem Sofa stapeln und du noch nicht mal etwas Ordentliches gegessen, geschweige denn dir die Haare gewaschen und dich richtig angezogen hast und jetzt gerade erschöpft auf dem Sofa sitzt, das Baby stillst und es an der Tür klingelt und deine Freundin mit Kuchen davorsteht, dann bitte: Lass sie rein! Sie kann die Wäsche zur Seite schieben, sie kann auf das schmutzige Klo gehen und sie findet auch irgendwo noch eine saubere Gabel. Es darf diese Momente geben.

Es darf manchmal einfach schmutzig und unordentlich sein. Denn auch dann gilt immer noch: Du bist gut genug! Und unendlich geliebt – von dem, der aus dem größten Chaos des Universums so etwas Großartiges wie diese Welt erschaffen hat und sich deshalb von deinem kleinen Chaos nicht abschrecken lässt, sondern mittendrin mit dir wohnt.

Gott, hilf mir, ein Ja zu finden zu unserer Wohnung. Danke, dass wir ein Dach über dem Kopf haben. Danke für alles, was wir in dieser Wohnung besitzen. Hilf uns, Ordnung zu schaffen und es sauber zu halten. Und hilf mir, gute Gemeinschaft zu haben und Freunde einzuladen, selbst wenn mir das mal wieder nicht perfekt gelingen sollte.

***Auch eine chaotische Wohnung
kann ein Raum der Begegnung und Liebe sein.***

Claudia:
„Als mein Mann und ich angefangen haben, Vollzeit zu arbeiten, haben wir uns bewusst für eine Haushaltshilfe entschieden. Es fällt mir manchmal immer noch schwer, diese Hilfe zu akzeptieren und anzunehmen, weil ich viel zu oft denke, dass ich es selbst schaffen müsste. Aber dann realisiere ich wieder, was für eine wertvolle Hilfe es einfach ist. Vielleicht denkst du auch mal darüber nach?"

„Ich kann nicht mehr, es ist mir einfach alles zu viel“

Den Erschöpften gibt er neue Kraft,
und die Schwachen macht er stark. *Jesaja 40,29*

Ich schreibe dieses Kapitel im Ruheraum unseres Kindergartens. Unsere jüngste Tochter Frida hat Eingewöhnung. Ich höre sie weinen und nach mir schreien und kann mich kaum konzentrieren. Ich höre, wie sie „Mama“ ruft, und mein Herz bricht dabei. Ich weiß, dass ich hier sitzen bleiben muss, weil die Erzieher sie schon zu mir bringen werden, wenn sie mich braucht. Ich vertraue den Erziehern, ich kenne sie seit mehreren Jahren.

Trotzdem, da wir bindungsnah erziehen, kann ich mich kaum dazu entschließen, sie nicht in meine Arme zu ziehen und sofort mit ihr nach Hause zu gehen. Nur ihr Lächeln, wenn sie durch die Kindergartentür tritt, und ihre zarten Versuche, mit einem Mädchen Freundschaft zu schließen, halten mich davon ab.

Ich habe heute Morgen außerdem erfahren, dass unsere Mittlere in der Schule nicht mitkommt. Wir hatten ihr bewusst keine Buchstaben und Zahlen vor der Schule beigebracht. Die meisten anderen Eltern ihrer Klasse aber schon.

Deshalb fehlt unserer Tochter das nötige Selbstwertgefühl, sie fühlt sich schlecht und traut sich nichts zu, denn alle anderen scheinen es besser zu können als sie. Dadurch blockiert ihr kleines Gehirn und sie kann nicht mehr zuhören.

Auf meinem Schreibtisch zu Hause sammelt sich die Post. Zusätzlich habe ich etliche E-Mails in meinem Postfach, die ich kaum schaffe zu bearbeiten. Mein Kopf ist voll. Voll mit Sorgen. Voll mit Dingen, die ich abarbeiten muss. Voll mit Ängsten. Ich kann mich kaum fokussieren oder mich an den kleinen, schönen Momenten freuen. Ich bin nicht im Hier und Jetzt, sondern in der Vergangenheit oder in der Zukunft: bei der Verlagsbesprechung oder bei der Reiseplanung für die nächste Redaktionssitzung; mir fällt ein, dass ich noch einen Tisch für die anstehende Taufe reservieren muss, und ich fühle mich schlecht, weil wir keine offiziellen Einladungen verschickt haben.

Ruhe scheint ein unerreichbarer Zustand zu sein, wenn man Kinder hat, und ist in unserer schnellen, leistungsorientierten Gesellschaft ohnehin immer schwieriger zu finden. Äußerliche Ruhe ist als Mama für einige Jahre auch tatsächlich nicht wirklich erreichbar, außer man nimmt sich bewusst immer wieder Auszeiten und geht mal allein im Wald spazieren oder versinkt einmal wöchentlich im Schaumbad in der Badewanne.

Innere Ruhe ist jedoch etwas, das man lernen kann. Manche Menschen nutzen dazu Meditation. Mönche und Nonnen meditieren und beten gleichzeitig. Was auch immer dir dabei hilft, innere Ruhe zu finden: Strebe danach.

Mir reichen morgens ein Kaffee in Stille auf dem Sofa, ein paar Pilates-Übungen und ein kurzes Gebet, um mit regelmäßiger, besserer Atmung und der inneren Ausrichtung auf Gott gut in den Tag zu starten. Manchmal halte ich auch tagsüber einfach kurz inne, schließe die Augen und höre auf meinen Atem. Dabei bete ich still und spüre, wie sich mein Herzschlag beruhigt.

Innerliche Ruhe oder auch innerlicher Frieden ist ein Gut, nach dem wir unbedingt streben sollten. Diesen tiefen Frieden kann weder ein finanzielles Polster noch eine tolle Partnerschaft oder ein schönes Haus schenken, auch wenn das alles natürlich unsere Sorgen beruhigen und uns temporär glücklich machen kann. Aber tiefen Frieden, der unabhängig von allen Umständen ist, und hier muss ich so plakativ sein, finden wir nur bei Gott, der ihn uns schenkt.

Und trotzdem können wir etwas dazu beitragen, diese Ruhe und diesen Frieden zu finden, indem wir mal einen kritischen Blick auf unser Leben werfen und schauen, was wir im Außen konkret ändern könnten, damit wir leichter zur Ruhe kommen können – innerlich und äußerlich.

Ich arbeite inzwischen mehr als dreißig Stunden pro Woche. Ich bin Mama-Taxi, Putzfrau, Organisatorin, Freundin, Tochter, Schwester, Ehefrau, Gründerin, Bloggerin, Autorin und wahrscheinlich habe ich noch etwas vergessen. Ich vereine viel zu viele Rollen und spüre das auch deutlich.

Wie viele Hüte trägst du? Und was, wenn auch du einfach zu viele für ein einziges Leben trägst? Prioritätensetzung ist das Wichtigste, um mehr Ruhe in sein Leben zu bekommen. Das gelingt mir besser, wenn ich mich frage: Was bringt mich meinen persönlichen Zielen im Leben näher und was nicht?

Leider ist es oft so, dass andere Menschen darüber entscheiden, welche Ziele wir im Leben verfolgen sollten. Sie treiben uns durch unseren Alltag, weil wir uns nach ihren Vorstellungen und Erwartungen richten. Wenn andere Menschen unsere To-do-Liste im Leben bestimmen, dann bestimmen sie eben auch unsere Prioritäten im Leben.

Wir müssen uns dazu entscheiden, unser Leben selbst in die Hand zu nehmen, und uns nicht von anderen Stimmen, anderen Menschen treiben lassen, die alle irgendetwas von uns wollen. Ich weiß selbst, dass das nicht immer so einfach ist, aber ich durfte die Erfahrung machen, dass man wesentlich stressfreier und innerlich freier durchs Leben geht, wenn man sich immer mal wieder fragt, warum oder für wen man eigentlich tut, was man gerade tut, und ob es gerade wirklich „dran" beziehungsweise angebracht ist, sich so davon stressen zu lassen.

Manchmal hilft mir auch ein Blick nach oben, um meine Prioritäten neu zu sortieren. Mit Blick auf den Ewigen, der mich bedingungslos liebt, wird mir wieder neu bewusst: Ich darf zwischendurch auch einfach nur sein. Denn Gott erwartet nichts von mir. Außer das: dass ich lerne, in seiner Liebe zu sein und zu bleiben.

Auch wenn du an manchen Tagen einfach nicht mehr kannst, kannst du darauf vertrauen: Du kannst nicht (mehr), aber Gott kann. Er hilft dir, zur Ruhe zu kommen und neue Kraft zu schöpfen.

Vater im Himmel, mir ist gerade alles zu viel. Mein Leben fühlt sich viel zu voll an. Der Stress schnürt mir manchmal die Luft ab. Ich weiß gerade auch nicht, was ich ändern kann oder wie ich meinen Alltag ruhiger gestalten soll. Ich brauche Weisheit, um richtige Entscheidungen zu treffen, und Kraft, um meinen Alltag so zu ändern, dass ich mehr Frieden finden kann. Bitte hilf mir dabei.

Vielleicht kannst du nicht mehr (alles auf einmal schaffen), aber das musst du auch gar nicht!

Allyn:
„Stress kommt oft daher, dass man Erwartungen anderer Menschen erfüllen will und das Selbstwertgefühl nicht groß genug ist, um ‚Nein' zu sagen. Stress kommt auch daher, dass man sich mit anderen Frauen vergleicht und nicht zufrieden mit sich selbst ist. Mir hat geholfen, Hobbys zu finden, die mir guttun, mir Selbstliebe zuzugestehen und aufzuhören, darauf zu schauen, wie andere Frauen so leben."

„Ich bin nur noch mit literweise Kaffee überlebensfähig“

Alles kann ich durch Christus,
der mir Kraft und Stärke gibt. *Philipper 4,13*

Der wohl am häufigsten ausgesprochene Satz in meiner Kindheit lautete: „Du musst abends eher schlafen gehen.“ Egal, ob ich mich gerade übergeben hatte, schlechte Noten geschrieben hatte, mich mit einer Freundin gestritten oder Liebeskummer hatte: Ausreichender Schlaf war für meine Mutter die Antwort auf alle Probleme.

Leider bin ich eine Nachteule und werde abends noch mal sehr aktiv und kreativ. Plötzlich bin ich dann wieder hellwach. Manchmal putze ich noch um 23 Uhr unsere Bäder, für meine Uniklausuren habe ich immer nachts gelernt, und auch meine Bücher habe ich größtenteils nachts geschrieben.

Aber ich verrate euch etwas: Ich bin müde. Schon seit Jahren. Ich schlafe permanent zu wenig, weil ich immer erst irgendwann ab 21 Uhr Ruhe habe. Da schlafen dann alle Kinder, ich habe mit meinem Mann die Küche aufgeräumt und die Schulbrote geschmiert und kann nun wahlweise zum Sport gehen, an Texten arbeiten, den Trockner ausräumen oder mit meinem Mann eine Serie schauen. Da wir einen festen Wochenplan haben, wechseln sich all diese Optionen ab, aber ich lande immer erst irgendwann gegen Mitternacht im Bett. Nein, das ist nicht gesund, und ja, wir arbeiten daran und hoffen auf mehr Selbstdisziplin.

Guter Schlaf ist unheimlich wichtig. Nicht nur, weil man dadurch gesund bleibt, sondern auch, weil die Nerven am nächsten Morgen dann nicht blank liegen und wir bessere Mütter sein können, die nicht irgendwann durchdrehen. Mit ausreichend viel Schlaf meistern wir stressige Situationen so viel besser. Wer mehrere Jahre lang nicht durchgeschlafen hat, der sieht die Welt durch einen grauen Schleier und bekommt Nerven, die so dünn sind, dass sie bei jedem lauten Ton zu reißen drohen.

Leider ist dieser Zustand in den ersten Jahren des Mutterdaseins meistens der Normalzustand. Die Zeit mit kleinen Kindern kann man deshalb auch die „Zeit der kleinen Augen“ nennen. Es ist eine begrenzte Zeit, sie wird schneller vorbeigehen, als wir zuschauen können, und später werden wir auf sie zurückblicken und denken: „Ach, war das schön! Weißt du noch, als Frida jede Nacht zu uns ins Bett geklettert ist?“ Wir werden uns höchstwahrscheinlich weniger an unsere tiefen Augenringe als an den süßen Babyduft erinnern. Wir werden davon schwärmen, wie schön es war, als unser pubertärer Teenager noch friedlich auf unserem Bauch geschlafen hat, und wie wunderbar es war, als wir jeden Abend um 20 Uhr mit ihm einschlafen mussten/durften. Das ist zwar manchmal der einzige Trost, aber dafür ein sehr wirksamer!

In der *Zeit* stand mal ein schöner Artikel darüber, dass

wir alle einen unterschiedlichen Biorhythmus haben, aber unsere Gesellschaft dieser Verschiedenheit keinen Raum gibt. Das bedeutet, gesellschaftlich wird es hoch angesehen, wenn man morgens um sieben schon die erste Mail verschickt. Wer allerdings bis zehn Uhr schläft, ist gleich ein „Faulenzer". Da interessiert es niemanden, dass dieselbe Person am Tag zuvor vielleicht bis zwei Uhr früh noch am Computer gesessen und gearbeitet hat. Unsere Schulen starten um halb acht, der normale Büroalltag meistens um acht. Wer dann permanent um 24 Uhr oder später ins Bett geht, aber morgens wieder früh funktionieren muss, wird auf Dauer krank.

Was wir unbedingt brauchen, um gut zu schlafen, lässt sich in einigen Punkten zusammenfassen. Diese Punkte sind sehr leicht zu erfüllen – auch wenn man ein Baby oder ein Kleinkind zu Hause hat. Ich habe es selbst getestet!

Das Wichtigste ist ein sehr dunkles Zimmer. Je dunkler es ist, desto erholsamer ist die Tiefschlafphase. In unserem letzten Urlaub auf einem Bauernhof mitten im Wald war es nachts so dunkel, dass wir uns am Anfang beinahe erschrocken haben. Es gab keine Straßenlaternen, kein Nachtlicht, nichts. Es war so dunkel, dass unsere ganze Familie so viel und wirr geträumt hat wie noch nie. Offensichtlich haben wir alle Erlebnisse der vergangenen Monate aufgearbeitet, weil wir endlich tief und lange genug geschlafen haben.

Wichtig ist ebenfalls, sich bewusst zu machen, dass unser Körper den ganzen Tag über angespannt ist von dem ganzen organisatorischen Stress, alle Bälle in der Luft zu halten. Das heißt, dass er unheimlich viel Adrenalin ausschüttet und der Adrenalinspiegel am Abend noch so hoch ist, dass er ein schnelles Einschlafen verhindert und den Tiefschlaf verkürzt. Die Lösung dafür lautet: leichte Bewegung wie Spazierengehen oder ein paar Yoga-Übungen oder Pilates-Übungen oder was auch immer du mit deinem Glauben vereinbaren kannst und dir guttut.

Vielleicht hast du eher das Problem, dass du nachts dein Gedankenkarussell nicht stoppen kannst? Ich selbst liege oft noch lange wach, weil mir alle möglichen Dinge einfallen. Manchmal schreibe ich ganze Kapitel im Kopf, mache die nächste Einkaufsliste, oder mir fällt ein, dass unsere Tochter noch neue Hausschuhe für den Schulhort braucht. Ich habe mir angewöhnt, sofort alles aufzuschreiben, sodass ich es nicht vergesse und dann ruhiger einschlafen kann.

Wenn du dein Gedankenkarussell nicht stoppen kannst, hilft es manchmal auch, einfach aufzustehen und etwas zu trinken oder noch ein paar Buchseiten zu lesen. Alles, was dich von deinen Sorgen und Gedanken ablenkt, ist erlaubt. Das machst du so oft und so lange, bis der Kopf sich abschaltet. Nur Handy und Tablet sind absolut tabu. Das blaue Licht macht erwiesenermaßen nicht nur schlechte Augen, sondern führt dazu, dass man noch schlechter einschlafen kann.

Was immer guttut, ist, die Sorgen ganz bewusst in Gottes Hand zu legen und darauf zu vertrauen, dass er sich darum kümmern wird. Das hat er uns zugesagt. Genauso wie er uns versprochen hat, bei uns zu sein – auch und gerade in den langen, schlaflosen Nächten.

Schön und gut, denkst du dir jetzt vielleicht, aber was ist, wenn mein Kind mich trotzdem die ganze Nacht wach hält und all diese gut gemeinten Tipps nicht helfen?

Dann lass dir den Kaffee am nächsten Morgen umso mehr schmecken und mache dich frei von dem Druck, nicht nur eine gute, sondern auch noch eine fitte und dynamische Mama sein zu müssen. Du darfst darauf vertrauen, dass Gott dir die Energie gibt, die du brauchst, um irgendwie durch den Tag zu kommen. Jeden Morgen neu. Vielleicht könntest du es als kleinen „Reminder" ja mal versuchen, bei jeder Tasse Kaffee ein „Espresso-Gebet" zu sprechen: „Herr, schenke mir Kraft."

Lieber Gott, fünf Tassen Kaffee am Tag können nicht die Lösung sein. Ich bin so müde, aber ich weiß auch, dass diese Zeit im Leben begrenzt ist und vorbeigehen wird. Gib mir jeden Tag die nötige Kraft, sie durchzustehen und gut durch den Tag zu kommen. Ach, und eine neue Kaffeemaschine könnte ich auch gebrauchen … ☺

Es ist okay, müde zu sein.
Auch eine müde Mama
kann noch eine gute Mama sein.

Eleonore:
„Jeden Morgen haben wir Zeitdruck. Kaffee gibt mir Motivation und ist für mich ein wahrer Energie-Booster. Ich gehe nicht aus dem Haus ohne Kaffee. Ich bräuchte nicht wirklich Kaffee, sondern eher das Gefühl und die Gewissheit der Kaffeetasse in meiner Hand. Schon nach dem zweiten Schluck fühle ich, wie Energie durch meinen Körper fließt. Aktuell trinke ich drei Tassen Kaffee am Tag. Einen vormittags, einen gegen das Mittagstief und dann noch mal einen gegen das Nachmittagstief. Ich sollte aber ehrlich gesagt meinem Körper auch mit anderen Dingen Gutes tun und nicht nur mit Kaffee, um mein Energielevel für die Kinder hochzuhalten. Immerhin mache ich seit ein paar Wochen wieder regelmäßig Sport."

„Ich bin eine schlechte Mutter“

Ich will euch trösten
wie eine Mutter ihr Kind. Jesaja 66,13

Mutter zu sein fühlt sich oft an wie eine wilde Achterbahnfahrt. Und je älter die Kinder werden, desto gefährlicher wird die Achterbahn. Wir fangen an mit der harmlosen Raupenbahn, dann fahren wir mit einer Wichtelbahn durch einen Zauberwald voller Einhörner und steigen irgendwann auf die Ritterachterbahn um. Bei dieser geht es auch schon mal richtig steil nach oben und unten und scharf um die Kurve, und es kitzelt im Bauch. Dann folgt die Wildwasserbahn. Hier kann es manchmal nass und rutschig werden, aber richtig krass wird es erst danach, in der abgefahrenen Hurrikanbahn mit Loopings, 90-Grad-Steigung und einer Fahrtgeschwindigkeit, dass man kaum noch denken kann. Dann ist alles, was zählt, einfach im Wagen sitzen zu bleiben. Augen zu und durch.

Die gute Nachricht ist: Mamasein ist keine Mathearbeit. Unsere Kinder sind uns nicht anvertraut worden, um zu testen, ob wir es mit ihnen schaffen oder versagen. Note 1 oder Note 6, die gibt es hier nicht. Das sollten wir uns immer wieder vor Augen halten. Du hast den „Muttertest“

schon bestanden, indem du dich dafür entschieden hast, ein neues Leben auf dieser Welt willkommen zu heißen. Bei allen anderen Aufgaben geht es nicht ums Bestehen, sondern nur noch darum, an ihnen zu wachsen.

Das nächste Mal, wenn jemand im Supermarkt zu dir sagt: „Oh, warten Sie nur, bis Ihre Kinder Teenager sind!“, und alles, was du tun möchtest, weinen ist, wenn du später zu Hause ankommst und siehst, dass dein zweijähriges Kind wieder *alles* ausgeräumt hat, was du gerade erst weggeräumt hast, weil du dir denkst: „Wirklich? Ich soll diese Situation jetzt mehr genießen, weil es später nur noch schlimmer wird?“, dann stell dir vor, ich würde meinen Arm um dich legen, dich anlächeln und sagen:

„Entspann dich. Du bist müde? Ich auch. Du bist erschöpft und du kannst keinen klaren Gedanken mehr fassen? Ich auch. Wir versagen alle. Und wir machen alle einen fantastischen Job!“

Es ist längst offensichtlich, warum es Frauen in unserer Generation so schwerfällt, Mutter zu sein: Sie fühlen sich hin und her gerissen zwischen den verschiedenen Leitbildern, die die Gesellschaft ihnen suggeriert. Die gute Mutter einerseits, die Karrierefrau andererseits. Frauen tragen ihr schlechtes Gewissen jeden Tag mit sich herum. Das Ideal der Mutter, die immer für ihr Kind da ist, konkurriert mit dem der Businessfrau, die finanziell unabhängig ist, oder mit dem der idealen Partnerin, die trotz ihres Kindes immer genug Kraft und Zeit in ihre Partnerschaft investiert. „Pflichtbewusstsein, das Streben nach Perfektion und übersteigerte Qualitätsansprüche, so die Forscher, belasten Eltern heute so sehr, dass diese an die Grenzen ihrer Leistungsfähigkeit gerieten und in ihrer eigenen Lebensgestaltung stark eingeschränkt seien."[1]

Vielleicht sind es auch Schuldgefühle, die Mütter von außen übergestülpt bekommen. Von anderen Frauen, die uns sagen, wie wir stillen, schlafen und erziehen sollen. Wer kennt sie nicht, diese Kommentare: „Was? Dein Kind hat Saugverwirrung? Du solltest ihm wirklich keinen Schnuller mehr geben!"; „Oh, dein Kind schreit die ganze Zeit? Hast du es nicht mit dem Schnuller versucht?"; „Bitte, warum willst du schon abstillen?"; „Was, du stillst immer noch?"; „Also, Plastikspielzeug gibt es bei uns ja gar nicht."; „Elena-Marie wird ja im Montessori-Stil erzogen, das solltest du auch mal probieren." Und so weiter.

Es nimmt kein Ende. Es geht in der Schwangerschaft los und endet irgendwann, wenn die Kinder erwachsen sind. Aber wir müssen uns in solchen Situationen immer wieder vor Augen halten: Gute Eltern sind keine professionellen Erzieher, sondern Menschen, die ihre Kinder aus ganzem Herzen lieben. Gute Eltern sind vor allem authentisch und nehmen die Bedürfnisse ihrer Kinder wahr und ernst. Sie geben ihnen Raum, um sich zu entwickeln und ihre Gaben zu entfalten. Sie merken, wenn es ihrem Kind schlecht geht, und können es trösten. Gute Eltern holen sich Unterstützung und Hilfe und entschuldigen sich bei ihren Kindern, wenn sie Fehler gemacht haben.

Wichtiger als Perfektion ist es ohnehin, den eigenen Kindern die Welt zu zeigen. Matschen, Käfer anschauen, gemeinsames Kochen, Pilze suchen, Ball spielen, Geschichten lesen – mit den Kindern darf man all das machen, was einem selbst auch Spaß macht. Gemeinsam Zeit zu verbringen muss nicht immer anstrengend sein, sondern darf auch einfach Freude bereiten. Wenn dein Mann gern angelt, darf das Kind mit. Liebt der Papa Musikmachen, darf das Kind dabeisitzen und zuhören. Mama näht gern? Das Kind darf es lernen. Wir müssen außerdem keine 24/7-Animateure für unsere Kinder sein. Auch Langeweile kann manchmal gut und sogar förderlich für die Kreativitätsentwicklung unserer Kinder sein.

Die Kindheit ist nicht die Zeitspanne im Leben unserer Kinder, in denen wir sie möglichst „optimieren“ müssen, damit sie später die besten Jobs bekommen. Die Kindheit ist die wichtigste Lebenszeit, die genossen werden sollte – von den Kindern genauso wie von den Eltern.

Wenn Muttersein keine Klassenarbeit und Durchfallen demnach nicht möglich ist, klingt das für mich wie eine Einladung, die kleine Stimme in unserem Kopf, die uns sagt, dass wir schlechte Mütter sind und immer wieder versagen, mit einem wissenden Lächeln auf den Lippen zu überhören. Wenn du deine Kinder liebst, machst du alles richtig.

Vielleicht hilft dir auch die Erinnerung daran, dass du nicht allein dafür verantwortlich bist, dass deine Kinder „gelingen“. Sie sind kein unbeschriebenes Blatt, sondern Gott selbst hat den Anfang ihrer Geschichte bereits geschrieben, und er wird sie weiterschreiben – selbst wenn du ein paar „Rechtschreibfehler“ einbauen solltest. Du darfst Fehler in der Erziehung machen, Hauptsache, du liebst deine Kinder.

Und wenn du versuchst, deine Kinder selbst an den Tagen gernzuhaben, an denen sie die schlimmsten Kinder auf der ganzen Welt waren, dann bist du eine wirklich gute Mutter. Also, lass dich einfach darauf ein und genieß die aufregende Achterbahnfahrt ohne Leistungsdruck.

Gott, danke, dass du mir mein Kind geschenkt hast. Ich versuche mein Bestes, aber du weißt, dass ich alles andere als perfekt bin und mich oft hinterfrage. Bitte hilf mir, mein Kind mit deinen Augen zu sehen und mir selbst mein Versagen zu vergeben. Hilf mir zu sehen, dass ich nicht perfekt sein muss, sondern dass meine Liebe reicht.

Allein, dass du eine gute Mama sein willst,
macht dich schon zu einer!

Sarah:

„Wenn ich manchmal aus Überforderung laut werde und meine Kinder anschreie, fühle ich mich wie eine schlechte Mutter. Aber dann erinnere ich mich: Ich bin 23 Stunden am Tag eine tolle Mama. Nur, weil ich manchmal versage, heißt das nicht, dass ich eine schlechte Mutter bin. Ich mache Fehler, aber ich ***bin*** *kein Fehler."*

„Meine Sorgen erdrücken mich"

Überlasst all eure Sorgen Gott,
denn er sorgt für euch. *1. Petrus 5,7*

Wir machen uns Sorgen. Wir alle. Ich weiß nicht, ob irgendjemand auf dieser Welt schon mal die Meisterleistung erbringen konnte, sich keinerlei Sorgen zu machen. Falls du das sein solltest, möchte ich dir hiermit herzlich gratulieren. Dann kannst du dieses Kapitel gern überspringen.

Sich keine Sorgen machen – geht das denn überhaupt? Ist es nicht menschlich, sich *um* jemanden zu sorgen? Wir sorgen ja auch *für* jemanden. Und wir sorgen *vor*, zum Beispiel für unsere Rente, für unsere Kinder oder auch nur für die Ernährung der Familie in den kommenden Tagen, indem wir einkaufen gehen. Das Sorgen *um* jemanden oder etwas scheint genauso selbstverständlich: Wir sorgen uns um unsere kranken Eltern, um unsere Freundin, der es gerade nicht gut geht, und um unsere Ehe. Wir sorgen uns darum, ob wir nach der Elternzeit wieder einen Job finden, ob wir ohne Autoschaden am weit entfernten Urlaubsort ankommen oder ob wir unser Traumhaus finanziert bekommen.

Ein gewisses Maß an Sorgen scheint normal zu sein, aber es wird gefährlich, wenn sich unsere Gedanken permanent um die Dinge drehen, die uns Sorgen bereiten, und wenn aus unseren Sorgen Ängste werden, die uns davon abhalten, unser Leben zu genießen.

Außerdem sind Sorgen zermürbend – und darüber hinaus völlig sinnlos, vor allem, weil die Hälfte der befürchteten Dinge, um die sich unsere Sorgen drehen, überhaupt niemals eintreffen wird, wenn nicht sogar noch mehr! Sorgen bringen uns nur schlaflose Nächte, grübelnde Gedanken und graue Haare – und verlängern unser Leben doch um keinen einzigen Tag, wie es schon in der Bibel steht (vgl. Matthäus 6,27).

Auch unseren Kindern helfen unsere Sorgen nicht weiter. Wir bewahren sie damit nicht vor irgendetwas, sondern machen sie schlimmstenfalls nur zu ängstlichen Menschen, weil sie gesehen haben, wie besorgt und überängstlich ihre Eltern permanent sind.

Davon abgesehen können wir sowieso nichts im Leben, das uns Sorgen macht, wirklich kontrollieren, weil es schlicht und ergreifend nicht in unserer Hand liegt. Wir müssen deshalb lernen, unsere Sorgen loszulassen. Am einfachsten ist das möglich, indem wir sie an einen großen Gott abgeben. In dem Glauben, dass er uns in seiner Hand hält und es ihm nicht egal ist, wie es uns geht. Es gibt einen sehr schönen Bibelvers, der mir immer wieder in den Sinn kommt: „Sorgt euch nicht um morgen – der nächste Tag wird für sich selber sorgen! Es ist doch genug, wenn jeder Tag seine eigenen Schwierigkeiten mit sich bringt“ (Matthäus 6,34; Hfa). Dieser einfache Rat hat mir schon mehrfach geholfen nicht durchzudrehen, wenn sich das Gedankenkarussell immer weitergedreht hat.

Es ist sinnvoll, sich nur den Tag anzuschauen, der vor einem liegt. Das bedeutet nicht, dass man all seine Werte über den Haufen wirft, keine Vorsorgemaßnahmen mehr trifft oder keine Versicherungen mehr abschließt und nur noch macht, was man gerade will. Es bedeutet vielmehr, sich heute um das zu kümmern, was heute getan werden muss. Nicht mehr, aber auch nicht weniger.

Wir dürfen unsere Sorgen nicht so übermächtig groß werden lassen, dass sie uns zerstören, weil wir ihnen zu viel Raum in unserem Kopf geben und wir dort immer und immer wieder sämtliche beängstigenden Zukunftsszenarien durchspielen. Als gute „Gegenmaßnahme" möchte ich die Autorin Sarah Young aus ihrem Buch „Ich bin bei dir – 366 Liebesbriefe von Jesus" zitieren. Sie schreibt hier aus der Sicht Gottes:

„Ich führe dich Schritt für Schritt durch dein Leben. Verlasse dich vertrauensvoll auf mich. Nimm meine Hand und lass dich von mir auch durch diesen Tag führen. Deine Zukunft erscheint dir ungewiss, zerbrechlich – vielleicht sogar bedrohlich. [...] Wenn du dich dabei ertappst, dass du dir Sorgen um die Zukunft machst, dann versuche, dem Einhalt zu gebieten. Wende dich mir wieder zu."

Herr, ich vertraue dir meine Sorgen an. Ich möchte mir nicht zu viele Gedanken um die Zukunft machen, sodass die Sorgen nicht zu ausgewachsenen Ängsten werden. Ich bitte dich, hilf mir, meine Gedanken zur Ruhe zu bringen.

Hilf mir, ruhig zu werden und zu vertrauen, dass es gut werden wird – weil du die Kontrolle und alles in deinen guten Händen hast.

Es gibt immer Grund zur Sorge,
aber auch immer Grund zum Vertrauen!

Anna:
„Ich arbeite aktuell 50 Stunden pro Woche als Tagesmama. Ich mache mir aber oft Sorgen, wie lange das noch so gehen wird und ob die berufliche Situation rentabel für mich bleibt. Und wie kann ich meinem zukünftigen Kind irgendwann mal gerecht werden, wenn es dann 50 Stunden von jemand anderem betreut werden müsste? Mir hilft, mir für jedes erdenkliche Szenario schon einmal Lösungen zu überlegen und konkrete Schritte zu wagen. Denn ich möchte später unbedingt viel Zeit mit meinem Kind haben und diese Zeit genießen können."

FRAU.

„Wir haben kaum noch Sex“

Komm und küss mich, küss mich immer wieder!
Ich genieße deine Liebe mehr als den besten Wein.
Der Duft deiner Salben betört mich.
Dein Name ist wie ein besonderes Parfüm,
darum lieben dich die Mädchen. *Hohes Lied 1,1–3*

„Ich bräuchte eigentlich gar keinen Sex mehr. Ich bin abends viel zu müde dafür“, „Er fasst mich die ganze Zeit an, wenn er mehr von mir will, das setzt mich unter Druck“, „Ich vermisse Sex furchtbar, ich habe das Gefühl, mein Mann sieht mich gar nicht mehr als Frau“, „Jedes Mal wenn wir Sex haben, habe ich eigentlich gar keine wirkliche Lust dazu“, „Seit der Geburt meines Kindes möchte ich nicht mehr berührt werden“, „Ich fühle mich so unwohl in meinem Körper, dass ich überhaupt nicht in Stimmung komme“ – diese Liste könnte man ewig fortsetzen.

Hast du dich in einer der Aussagen wiederfinden können? Das Thema Sex ist in den meisten Fällen kein unbelastetes und nicht selten mit seelischen Schmerzen verbunden. Oftmals reden wir deshalb entweder gar nicht darüber oder aber viel zu viel, jedoch ohne dabei wirklich in die Tiefe zu gehen. Den Fall, dass wir unser Sexleben als unkompliziert empfinden, es frei genießen und völlig zufrieden damit sind, gibt es zwar, aber leider nur selten.

Nach einer Geburt fühlt sich das erste Mal Sex wie beim allerersten Mal an. Gerade, wenn es Geburtsverletzungen gab, fühlt man sich verwundet. „Hoffentlich tut es nicht zu sehr weh!“, denkt man dann und ist viel zu vorsichtig und ängstlich, um es genießen zu können. Vielleicht muss man nach einer längeren Pause, bedingt durch die Schwangerschaft, die Intimität mit dem Partner tatsächlich erst wieder neu erlernen.

Wenn alter, seelischer Schmerz zu diesem Thema hinzukommt, seien es Verletzungen aus der Vergangenheit, zu hohe Erwartungen an den Partner oder unerfüllte Wünsche, die nicht ausgesprochen wurden und dann über Jahre hinweg zu einer emotionalen Distanz geführt haben, wird es zusätzlich schwierig. Vor allem, wenn man nicht gemeinsam daran arbeitet.

Vielleicht fühlst du dich auch nicht (mehr) wohl in deinem Körper nach deiner Schwangerschaft, schämst dich und hast das Gefühl, nicht mehr begehrenswert zu sein. Oder vielleicht gehörst du zu den Frauen, die das Gefühl haben, dass ihr Mann sie nicht mehr wirklich als Frau sieht, und du sehnst dich nach Wertschätzung, Aufmerksamkeit und liebevollen Komplimenten, aber dein Mann scheint innerlich meilenweit von dir entfernt zu sein?

Die Sexualtherapeutin Veronika Schmidt spricht auf ihrem Blog *liebesbegehren* und in ihren Büchern „Alltagslust“ und „Liebeslust“ genau über dieses Thema. Sie ist der Überzeugung, dass fehlende Lust zwar manchmal hormonell bedingt sein kann, doch viel häufiger sei fehlende Lust etwas, wogegen man aktiv etwas tun könne – denn Lust sei erlernbar!

Sex bedeutet nicht nur Stressabbau, ausgelöst durch Orgasmen, und dadurch die Förderung unserer körperlichen und mentalen Gesundheit, sondern vor allem eben auch: Nähe. Zärtlichkeit. Wärme. Aufmerksamkeit. Sex erschafft das Gefühl von Einheit und Verbundenheit und ist deshalb essenziell für eine Liebesbeziehung.

Ich komme aus einem konservativ-christlichen Elternhaus und habe es geschafft, nicht mal zu wissen, wohin ich meinen Tampon stecken musste, als ich 14 Jahre alt war.

Frauen neigen oft dazu, die eigene Sexualität zu verneinen – und ich wage zu behaupten, christliche Frauen tun dies erst recht.

Es gibt eine Studie, bei der 1000 Frauen Fotos von ihrer Vagina gezeigt wurden. Nur 44% konnten ihre eigene Vagina erkennen und nur 60% die Vulva identifizieren. Hast du dir deine Vagina schon mal mit einem Spiegel angeschaut?

Wenn wir als Frauen unsere eigene Sexualität verneinen, wenn wir uns nicht mal schamlos im Spiegel anschauen und bejahen können, ohne all die tollen, scheinbar perfekten Werbemodels im Kopf zu haben: Wie sollen wir dann eine erfüllte Sexualität haben?

Kann es sein, dass wir selbst so unzufrieden mit uns sind und uns selbst nur noch so wenig als Frau und so sehr als Mutter fühlen, dass wir uns vernachlässigen und uns nicht mal mehr nette Unterwäsche kaufen? Und kann es sein, dass wir vielleicht so verletzt und sexuell unerfüllt sind, dass wir das nicht mal unseren Männern kommunizieren können und lieber nur mit uns selbst ausmachen? Oder kann es sein, dass wir uns nicht trauen, unsere unerfüllten Sehnsüchte anzusprechen, weil wir – vielleicht auch nur unterbewusst – der Lüge glauben, dass es beim Sex ohnehin nur um die Bedürfnisbefriedigung der Männer geht?

Aber sollten Frauen tatsächlich nur Sex haben, damit ihr angetrauter Mann keine Pornos schaut oder nicht fremdgeht? Frauen sollten doch ebenfalls Freude an Sex haben, und vor allem: Lust dabei empfinden. Nein, mit dem Mann zu schlafen, ohne Lust darauf zu haben, ist für keinen Beteiligten erfüllend. Wie also entfachen wir unsere Lust wieder neu?

Veronika Schmidt spricht in diesem Zusammenhang von einer „Kultur der Verführung“[2], die wir (wieder) erlernen müssen. Wenn wir nach einem anstrengenden Tag bis 23 Uhr online sind, wenn wir nicht mal am Wochenende, wenn die Kinder schon schlafen, zusammen ins Bett gehen und stattdessen vorm Fernseher auf der Couch versacken, dann werden wir wohl nie Sex haben. Denn Sex braucht Zeit. *Frei*zeit. Wir brauchen eine Kultur des Verführens und ein Einplanen von festen Zeiten, in denen wir diese Kultur ausleben können. Denn wenn man nie Sex hat, verliert man auch die Übung darin – und vergisst, wie aufregend und schön es sein kann.

Die meisten Frauen brauchen vor allem zwei Sachen, damit sie Lust entfachen können:

1. **Vorlaufzeit.** Frauen können nicht von jetzt auf gleich Sex haben, wenn sie noch die Schulbrote schmieren, die Schuhe putzen und der Freundin eine *WhatsApp-*

Nachricht schreiben wollen. Sie könnten aber Lust entwickeln, wenn sie sich schon morgens emotional darauf vorbereiten können. Wir können dann schöne Unterwäsche anziehen und dem Mann schon tagsüber eine verführerische Nachricht schicken. Später packt er dann selbstverständlich im Haushalt mit an. Er schmiert die Schulbrote und arbeitet Hand in Hand mit seiner Frau, damit sie später nicht halb tot ins Bett fällt und eigentlich nur noch schlafen will.

2. **Selbstannahme.** Liebe dich selbst. Entdecke dich. Lerne kennen, was dir guttut, was dir Freude macht. Und kommuniziere das, wenn dein Partner nicht selbst darauf kommt. Vergleich dich nicht. Auch nicht mit den eventuell vorhandenen früheren Sexualpartnerinnen deines Mannes oder mit deinen eigenen früheren Sexualpartnern. Das ist Vergangenheit und gehört nicht ins Ehebett. Hab Spaß und sei frei. Und bitte, hab Orgasmen. Sag nicht: „Ist schon okay, ich brauche keinen Orgasmus." Es ist nicht okay. Orgasmen sind wichtig, allein schon für die Gesundheit, vor allem aber für deine Lust. Wenn du bisher keine Orgasmen hattest, dann versuch mit deinem Partner herauszufinden, wie du welche bekommen kannst. Es macht unendlich viel Spaß. Und lass dir eines sagen: Es ist nicht unfromm, Lust am Sex zu empfinden – im Gegenteil, wir dürfen erfüllenden Sex als Geschenk von Gott genießen, der sich so etwas Geniales wie den menschlichen Orgasmus überhaupt erst ausgedacht hat.

Herr, Sex ist etwas Natürliches, etwas Wunderschönes und Heiliges. Es fühlt sich für mich aber oft wie eine Belastung an, wie etwas, das ich „tun muss". Hilf mir, Sex in seiner Urbestimmung zu erkennen, hilf mir, Lust und Freude dabei zu entwickeln und zu entdecken, was mein Körper Wunderbares kann.

Sex ist zum Genießen da –
und Lust ist erlernbar!

Nancy:
„Sex tat mir, auch sechs Wochen nach der Geburt, körperlich weh, die Verletzungen waren noch nicht geheilt. Das ganze Thema hat mich sehr unter Druck gesetzt, vor allem, weil ich das Gefühl hatte, mich als Mama erst mal auf unser Kind konzentrieren und meine Nähe und Zärtlichkeit nicht aufteilen zu wollen. Ich wollte meinen Mann natürlich nicht enttäuschen, deshalb habe ich nachgegeben. Damals habe ich einen Arzt konsultiert, der mir sagte, dass während des Stillens ein Hormon ausgeschüttet wird, was bewirkt, dass man sich vor allem auf das Baby und dessen Wohlbefinden konzentriert. Das hat mich beruhigt."

„Ich bin in nichts richtig gut“

Dies alles bewirkt ein und derselbe Geist.
Und so empfängt jeder die Gabe, die der Geist ihm zugedacht hat. 1. *Korinther 12,11*

Mein Mann ist ein wirklich guter Volleyballer. Er hat lange Zeit in der Regionalliga gespielt und auf dem drittem Bundesliganiveau. Er selbst sieht, dass viele Volleyballer sehr viel besser spielen als er, und findet deshalb nicht, dass er „richtig gut“ spielt – höchstens im Vergleich zu Hobbyspielern vielleicht.

Eine meiner engsten Freundinnen hat mit Mitte 20 angefangen, Eiskunstlauf zu machen. Sie hat mit Anfang 30 Goldmedaillen geholt und ist nun Deutschlandmeisterin in ihrer Kategorie und Altersklasse. Sie selbst findet nicht, dass sie „richtig gut“ ist – höchstens im Vergleich zu Menschen, die gar nicht Schlittschuhlaufen können.

Ich selbst habe das Gefühl, mich oft hinter erfolgreichen Geschichten von mir selbst verstecken zu müssen, damit niemand sieht, dass ich gar nicht so erfolgreich bin, wie ich es gern wäre. Oder vielleicht bin ich auch nur im Vergleich zu anderen nicht so erfolgreich?!

Erfolg wird immer gemessen an der Leistung jener

Menschen, mit denen wir uns vergleichen. Und ich merke immer wieder, dass ich auch meinen eigenen Wert an meinem Erfolg messe. Mein Selbstwert ist davon abhängig, was ich leiste. Obwohl ich weiß, dass meine Identität und mein Wert eigentlich nur von meiner Königskindschaft abhängen, tappe ich doch immer wieder in diese Leistungsfalle. Eigentlich weiß ich, dass dieser große Gott mich liebt um meiner selbst willen – egal, was ich leiste, egal, wie oft ich versage, und egal, wie „gut" ich bin. Und doch scheine ich das immer wieder zu vergessen.

Leistung zu erbringen ist in unserer Gesellschaft immer noch immens wichtig, egal, um welchen Bereich es geht. Entweder wir sind eine „richtig gute" Mutter – nach welcher Definition auch immer wir das bemessen wollen – und opfern uns für unsere Kinder auf und sind fantastische Hausfrauen mit einem hübschen Heim, in dem es immer aufgeräumt und sauber ist und immer selbst gekochtes Essen und am Wochenende einen köstlichen Kuchen gibt. Und nebenbei halten wir noch die sozialen Kontakte der ganzen Familie aufrecht, schreiben Weihnachts- und Geburtstagskarten, kümmern uns um alle Geschenke und sind selbstverständlich die besten Sandburgenbauerinnen und *Playmobil*-Spielgefährtinnen unserer Kinder.

Oder aber wir erbringen Leistung, indem wir immer fantastisch aussehen. Wir haben tolle Kurven, sind gleichzeitig schlank und fit. Unser Körper ist bereit, die kühnsten Dinge zu machen und sportlich erfolgreich zu sein. Außerdem kleiden wir uns immer stilbewusst und kennen die neusten Make-up-Trends und Frisuren. Wir sind die Frau, nach der sich jeder auf der Straße umdreht.

Vielleicht erbringst du aber auch beruflich deine Höchstleistung. Du bist richtig gut in deinem Job, du liebst deine Arbeit und freust dich über die Bestätigung, die du durch ihn bekommst. Oder aber du bist eine Meisterin darin, Kinder und Arbeit zu vereinen. Deine Themen, für die du dich einsetzt, sind Mental Load, Vereinbarkeit und Gleichberechtigung. Du zeigst, dass alles möglich sein kann!

All das ist nicht falsch. Erfolg ist nichts Schlechtes. Erfolgreiche Menschen wie Steve Jobs oder Oprah Winfrey können die Welt verändern. Und auch weniger erfolgreiche Menschen können noch das Leben vieler Menschen prägen. Erfolg kann unheimlich viel positiven Einfluss haben, wenn wir gut mit ihm umgehen.

Der Druck, in jedem Lebensbereich immer Höchstleistungen vollbringen zu müssen, kann aber auch krank machen. Wir können Essstörungen bekommen, können uns als Workaholic im Büro einschließen oder in einer tiefen Erschöpfungsdepression landen – und merken bei alldem nicht, wie abhängig wir von unserem Erfolg geworden sind. Wir sind nicht frei, wenn wir abhängig davon sind, dass andere Menschen das, was wir tun, „richtig gut" finden.

Leider scheint es dennoch so zu sein, dass die Menschen getrieben von der Sehnsucht sind, etwas Bedeutsames auf die Beine zu stellen und in ihrem Leben etwas Großartiges geleistet zu haben, weil sie glauben, dass auch sie selbst nur dann eine Bedeutung haben und ihrem Leben damit einen Wert geben.

Ich nehme mich selbst von dieser problematischen Einstellung nicht aus. Viel zu oft arbeite ich, bis mir die

Augen zufallen oder mir der Kopf wehtut. Das Problem ist, dass das gute Gefühl, das sich mit einem Erfolgserlebnis einstellt, nur von kurzer Dauer ist. Die Glücksgefühle sprudeln für einen Moment, aber dann muss wieder ein neues Ziel erreicht werden. Das Leben wird anstrengend. Es ist, als würde man einen immerwährenden Test schreiben und genau wissen, dass man ihn nicht bestehen kann.

Wenn wir unseren Selbstwert von unserem Erfolg abhängig machen, dann stellen wir ihn auf ein sehr wackeliges Gerüst. Wir überhören die innere Stimme, die uns sagt, dass weder unser Job noch unsere Kinder oder unser toller Körper unsere tieferen Bedürfnisse erfüllen können. Wir verbergen ein tiefes Gefühl von Bedeutungslosigkeit hinter der Fassade eines Erfolgsimages.

Die einzige Lösung besteht darin, zu erkennen, dass Erfolg nicht das ist, was uns im tiefsten Innern ausmacht. Erfolg gibt uns keinen bleibenden Wert. Wir müssen anfangen, uns zu fragen, warum wir eigentlich so eine perfekte Mutter sein wollen, warum wir diesen tollen Körper oder den beruflichen Erfolg „um jeden Preis" brauchen, und uns dann überlegen, wie wir wahrhaftiger leben und auf eine gesunde Art und Weise erfolgreich sein können. Dazu müssen wir lernen, dass wir geliebt sind. Um unser selbst willen. Weil unsere Familie uns liebt. Weil Gott uns liebt. Nicht, weil wir etwas leisten. Nicht, weil wir herausragende Erfolge erzielen. Sondern einfach so. Auf diese Liebe kann ich meinen Selbstwert gründen, selbst wenn ich in allen Bereichen versagen sollte. Und an diese Liebe darf ich mich selbst erinnern. Jeden Tag neu. Einatmen. Ausatmen. Geliebt.

Guter Gott, ich weiß, dass ich nichts leisten muss, um geliebt zu sein. Trotzdem fällt es mir schwer, das im Alltag anzunehmen, weil ich so gern von Bedeutung sein möchte. Ich möchte gern etwas Besonderes leisten, jemand sein und etwas hinterlassen auf dieser Welt. Hilf mir, einen gesunden Weg zu finden, der mich frei macht und nicht an meinen Wunsch nach Anerkennung und Bestätigung fesselt.

***Es reicht vollkommen,
eine gute Mutter zu sein. Dein „gut genug"
ist für andere auch „richtig gut".***

Priska:
„Mein ganzes Leben lang habe ich schon das Gefühl, mittelmäßig zu sein, und dieses Gefühl behagt mir gar nicht. Es hat lange gedauert, bis ich gelernt habe, dass normal zu sein, Mittelmaß zu sein, völlig okay ist. Ich musste lernen, dass Erfolg und Anerkennung nicht die tiefen Bedürfnisse meines Herzens stillen können und dass ich geliebt bin, ohne etwas leisten zu müssen. Ich darf einfach ich sein – und dafür werde ich geliebt. Diese tiefe Wahrheit fühlt sich unfassbar an und ist gleichzeitig unfassbar schön."

„Mein Leben hat kein Ziel mehr"

Herr, zeige mir, welchen Weg ich einschlagen soll,
und lass mich erkennen,
was du von mir willst! Psalm 25,4

Wenn wir Eltern werden, verändert sich unser ganzes bisheriges Leben. Wir sind nicht länger nur Frau und Mann und zusammen ein Paar, sondern nun auch noch Mama und Papa und Eltern. Der Fokus verlagert sich auf das kleine, zuckersüße Wesen, das in unseren Armen liegt. Dieses kleine Wesen wird immer größer und manchmal kommen noch Geschwister hinzu – die Familie wächst. Und damit auch alle Anforderungen und Verpflichtungen. Wir sind permanent damit beschäftigt, den Alltag am Laufen zu halten. Wir müssen uns um alles kümmern, unsere To-do-Liste wird immer länger, die Haare an den Beinen wachsen, weil keine Zeit zum Rasieren bleibt, und wir sind froh, wenn wir es schaffen, die Haare auf dem Kopf zu waschen und noch etwas Sauberes zum Anziehen im Schrank hängen zu haben.

Im Laufe der Zeit schaffen wir es, unseren Partner abends für eine gemeinsame *Netflix*-Serie auf dem Sofa zu treffen, unserer Freundin wieder öfter *WhatsApp*-Nachrichten zu schicken und vielleicht auch wieder unser Berufsleben aufzunehmen. Was aber meistens völlig auf der Strecke bleibt, sind unsere Hobbys. Deshalb will ich dich an dieser Stelle fragen: Was machst du eigentlich gern, was begeistert dich? Und wo ist deine Kreativität geblieben?

Unser persönlicher Sinn des Lebens, unser Ziel, gerät leider viel zu schnell in Vergessenheit und wird unter Krümeln, Schmutzwäsche und dem Ablagestapel auf dem Schreibtisch vergraben. Doch irgendwann wachen wir wieder auf, mit einer tiefen Sehnsucht nach Lebensinhalt. Wir wollen schließlich, dass unser Leben einen Sinn hat, der sich nicht schon mit der Fortpflanzung erübrigt hat. Wir ahnen, dass es da noch mehr gibt als „nur" die Aufgabe, unsere Kinder großzuziehen. Aber wie sollen wir diesem „Mehr" Platz machen, wenn wir die ganze Zeit mit Kümmern beschäftigt sind und in unserem Kopf so viele Tabs offen sind, dass wir manchmal Angst haben, komplett durchzudrehen? Wo soll da noch Platz sein für Hobbys und persönliche Erfüllung?

Nicht nur Männer fallen in der Mitte ihres Lebens häufig in eine Midlife-Crisis, auch Frauen fangen mit circa 40 Jahren an, ihr Leben zu hinterfragen. Nicht alle Ziele können dann noch erreicht werden. Die ersten Falten sind unübersehbar. Auch die ersten körperlichen Gebrechen machen sich vielleicht schon bemerkbar, und so manche Frau fragt sich, was sie jetzt noch mit dem Rest ihres Lebens anstellen soll.

Manche Frauen erfinden sich dann noch mal neu. Sie machen Weiterbildungen oder die lang ersehnte Reise, lassen sich die Zähne endlich richten, tragen eine neue Frisur oder nehmen andere optische Veränderungen vor. Doch wie können wir herausfinden, was uns *wirklich* glücklich macht, und wie schaffen wir es, dass wir dafür dann auch Zeit finden?

Das neue Modewort, um solche Dinge möglich zu machen, ist aufgeteilter „Mental Load". Mental Load beinhaltet all die vielen kleinen Dinge, an die vor allem Frauen immer denken müssen. Wenn beispielsweise ein Kind krank ist, muss die Betreuung abgesagt werden, Krankentage eingereicht werden, zum Arzt gefahren werden, Medikamente besorgt, getröstet und aufgemuntert werden. Dann muss man dem Kind die Medizin zu den festgelegten Zeiten geben, die Hausaufgaben nach Hause holen, das Arbeitspensum nacharbeiten, das Krankenbett frisch beziehen, zwischendurch immer wieder Kuscheleinheiten einlegen und, und, und.

Die sogenannte „Care-Arbeit" dauert 24/7. Das ist weitaus mehr als ein Vollzeitjob. Deshalb muss man sie sich aufteilen. Die meisten Männer sind dazu auch bereit, sie wollen nicht nur helfen, sondern als Teil des Familiengefüges wahrgenommen werden.

Wenn wir lernen würden, unsere Männer tatsächlich gleichberechtigt mit in die Verantwortung zu nehmen, würde die Care-Arbeit und damit auch der Mental Load besser verteilt werden, und Mütter würden seltener einen Burn-out bekommen. Gleichzeitig müssen wir als Frauen aber natürlich auch lernen loszulassen! Männer und Väter machen die Dinge anders als wir. Sie machen Fehler, genauso wie wir auch. Aber wenn sie merken, dass wir ihnen mehr vertrauen und mehr *zu*trauen, dann haben sie auch mehr Lust, uns zu helfen, als wenn wir ihnen ständig das Gefühl geben, ohnehin alles falsch zu machen.

Wenn wir durch geteilte „Sorgearbeit" etwas mehr Luft haben, können wir uns darum bemühen herauszufinden, was wir können und eigentlich wirklich wollen. Wir können uns fragen: Was wollen wir (noch) vom Leben? Wir dürfen als Frauen unsere eigenen Bedürfnisse wahrnehmen und ernst nehmen. Funktionierende Familiengefüge bleiben dadurch bestehen, dass alle Bedürfnisse der Familienmitglieder wahrgenommen werden. Und neben dem Muttersein sind wir eben auch noch Frau, Partnerin, Freundin usw.

Wir dürfen herausfinden, was uns Freude macht, was unsere Kreativität weckt und was uns einfach glücklich und lebendig fühlen lässt. Unsere Identität verkümmern zu lassen, ist keine gute Idee. Und ich wage zu behaupten, dass es uns auch nicht zu besseren Müttern macht, wenn wir unsere eigenen Interessen komplett aufgeben, uns selbst verleugnen und deshalb total unausgeglichen und unglücklich durch den Alltag gehen. Und das ist auch nicht, wie Gott sich dein Leben vorgestellt hat. Ja, du bist Mama, aber eben auch noch eine Frau mit einer individuellen Persönlichkeit, die entfaltet und gelebt werden will.

Herr im Himmel, ich möchte auch als Frau gesehen werden. Zeig mir, wer ich noch bin, wenn ich keine Mama bin. Was möchte ich in meinem Leben machen? Manchmal weiß ich es nicht. Schenk mir die Gelegenheit, mir darüber bewusst zu werden und die ersten Schritte zu gehen.

Du bist zu mehr erschaffen.
Du darfst immer noch du sein!
Du bist mehr als nur ein Muttertier.

Claudia:
„Man neigt als Mama oft zur völligen Selbstaufopferung. Man kümmert sich um das soziale Gefüge daheim und versucht, das Tetris-Spiel im Kopf, bestehend aus Hausaufgabenkontrolle, Unterschriften, Kinderarzt-Terminen, Hobbys der Kinder und so weiter, am Laufen zu halten. Ich habe für mich festgestellt, dass ich selbst schuld bin, weil ich das alles an mich reiße. Ich habe also angefangen, über meine eigenen Wünsche und vor allem Bedürfnisse nachzudenken. Dabei habe ich gemerkt, dass mir einiges von dem, wie ich bisher gelebt habe, ‚weil man das halt so macht', eigentlich gar nicht passt – und dass ich mein Leben und die Aufgabenverteilung daheim auch etwas umstrukturieren könnte."

„Wir haben nicht genug Geld“

Überlass alle deine Sorgen dem Herrn!
Er wird dich wieder aufrichten. *Psalm 55,23*

Mit finanziellen Sorgen kenne ich mich aus. Denn ich bin eine wahre Überlebenskünstlerin und könnte dir sofort einen Hartz-IV-Antrag ausfüllen. Das liegt zum einen daran, dass ich einige Zeit meines Lebens von Spenden gelebt habe, um meiner Arbeit als Jugendreferentin und angehende Pastorin nachgehen zu können, aber auch daran, dass ich eine kurze Zeit lang mal alleinerziehend war, was mich so ziemlich an den Abgrund meiner Existenz katapultierte. „Finanziell ist es schwierig“ ist also ein Satz, den ich nicht nur mehrfach besorgt ausgesprochen habe, sondern der mir schon häufig Magenschmerzen und schlaflose Nächte bereitet hat.

Unsere finanzielle Situation ist jedoch nichts, woran man nichts ändern könnte. Und die dazu nötige finanzielle Bildung ist auch mit einer 4 im Mathe-Abi machbar. In den letzten Monaten und Jahren ist eine Bewegung entstanden, die Tausende von Frauen vereint hat, um ihnen genau das nahezulegen: Finanzbildung. Viel zu oft schieben Frauen die Geldangelegenheiten an ihren Mann ab. Viel zu oft nehmen Frauen lediglich etwas Haushaltsgeld und verzichten darauf, sich um Fonds, Aktien und ihre Altersrente zu kümmern.

Ich selbst habe mich in den vergangenen Monaten verstärkt mit dem Thema Finanzen beschäftigt. Der Auslöser dafür war der Brief der Rentenkasse gewesen, der mich vor Schreck fast vom Stuhl fallen ließ. Ich dachte, dass ich gar nicht so schlecht dran sei, weil ich immer brav alle Elternjahre angegeben und ansonsten lückenlos erst studiert und dann gearbeitet hatte. Ich hatte mich tatsächlich einfach auf meinen Mann verlassen, auf unsere endlose Liebe und unsere gemeinsame Absicherung als Paar. Wir hatten uns gemeinsam gut aufgestellt in den letzten Jahren, Versicherungen abgeschlossen, ein Haus gekauft, dazu gab es Risiko-Kapitalversicherungen, Riester-Sparverträge, Fonds für die Kinder und so weiter …

Und auch wenn ich immer noch an unsere endlose Liebe glaube, so wäre es doch schöner, auch ich allein würde finanziell etwas besser dastehen, wenn es doch mal hart auf hart käme. Außerdem meine ich, es ist unsere Pflicht nicht nur als Mama, sondern eben auch als erwachsene, reife (und weibliche) Menschen, dass wir lernen, gut mit unserem Geld umzugehen. Denn wer sagt dir, dass dein Mann das überhaupt gut macht? Du weißt es ja nicht. Weil du keine Ahnung davon hast. Oder stell dir vor, Gott bewahre, deinem Mann passiert etwas. Ich bin zwar immer der Meinung, dass Angst kein guter Ratgeber ist, aber trotzdem sind bei diesem Thema weise Überlegungen und Entscheidungen nötig, gerade im Hinblick auf die Altersvorsorge. Ausreden sind da nicht angebracht.

Im Falle einer Scheidung (die natürlich niemand anstrebt) werden die Rentenpunkte und der ganze Besitz, der in der Ehe bis zu dem Zeitpunkt erwirtschaftet wurde – sofern kein Ehevertrag besteht, der das anders regelt –, geteilt. Diese Argumentation habe ich oft als Ausrede gehört, warum frau sich nicht um ihre Finanzen kümmern muss. Doch wer kann von 50% der Rentenpunkte leben?

Ich finde es wichtig, sich darüber Gedanken zu machen, auch wenn ich natürlich niemandem wünsche, dass der Ernstfall einer Scheidung eintritt. Und gleichzeitig möchte ich hinzufügen: Nein, dies wird kein Kapitel darüber, dass du arbeiten gehen musst, obwohl ihr euch entschieden habt, dass du zu Hause bleibst und dich um die Kinder kümmerst. Du kannst dich auch von zu Hause aus mit dem Thema Finanzen befassen und dich um deine Rente kümmern!

Hier kommen meine vier Punkte, die dich und deine Finanzen nachhaltig verändern:

1. Welche Gedanken sind in deinem Kopf über das Thema Geld? Hast du das Gefühl, dass du nie genug hast? Glaubst du, reiche Menschen sind immer irgendwie böse? Egal, was es ist, du musst und darfst diese schlechten Gedankenmuster durchbrechen, weil sie immer nur dazu führen, dass dich das Thema Geld runterzieht. Ja, es geht in den Gedanken los. Wenn du später nicht arm sein willst als Rentnerin, dann fang genau an diesem Punkt an und ändere deine Gedanken und Einstellungen.
2. Um mehr Geld zu besitzen, gibt es nur zwei Möglichkeiten: mehr einnehmen oder weniger ausgeben, idealerweise sogar mehr einnehmen *und* weniger ausgeben.

Leider ist es in der Realität eher so: Nimmst du mehr ein, gibst du automatisch mehr aus. Der Lebensstandard steigt, das kennen wir alle. Ein schreckliches Phänomen. Also, reiß dich zusammen, versuch, Sparpotenziale in deinem Leben zu entdecken und gleichzeitig die Augen aufzuhalten, wo du noch mehr Geld generieren kannst. Wenn du arbeiten gehst: Sprich mutig eine Gehaltserhöhung an, Frauen verdienen meistens ohnehin viel weniger als Männer im selben Job. Ein Unding, das es noch viel mehr zu bekämpfen gilt! Sei es dir selbst wert, das Gehalt einzufordern, das du dir mit deiner Arbeit buchstäblich verdienst! Wenn du zu Hause bist, überlege: Kannst du Sachen bei *eBay* verkaufen, dein Hobby eventuell zu Geld machen? Sei kreativ!

Mehrere Konten sind vorteilhaft, um den Überblick zu behalten. Sparen kann man aktuell am besten auf einem Tagesgeldkonto, denn hier gibt es noch minimale Zinsen. Der Vorteil ist, dass man jederzeit an sein Geld kommt und niemand anderer als du dieses Konto plündern kann. Eine gewisse Rücklage sollte jede Familie anstreben. Ansonsten sind beispielsweise Fonds, Aktien oder auch ETFs eine gute Anlagestrategie, um für die Rente vorzusorgen. Das geht schon mit Sparplänen ab 25 Euro. Ich empfehle als Einstiegsbuch zum Thema Finanzen das Buch von Natascha Wegellin, das sich beinahe wie ein Roman liest: „Madame Moneypenny. Wie Frauen ihre Finanzen selbst in die Hand nehmen."

Ihr müsst als Familie eure ganz eigene Methode finden, die für euch am besten funktioniert. Wenn jeder von euch ein Konto hat plus beispielsweise ein Tagesgeldkonto für Rücklagen für Autoreparaturen, eine neue Waschmaschine und so weiter plus ein weiteres Konto für Reisen sowie eines für alle Ausgaben für die Kinder, dann macht das für uns als Familie Sinn, aber du musst selbst rausfinden, womit deine Familie am besten zurechtkommt. Kostenlose Girokonten gibt es übrigens vor allem online.

3. Wir Frauen haben leider oft eine geringere Rente als Männer. Das hat zwei Gründe: Erstens sind wir meistens diejenigen, die in Elternzeit gehen (was ich nicht missen möchte!), und zweitens verdienen wir eben oft weniger. Der Gender-Pay-Gap und die Teilzeit nach der Elternzeit tun ihr Übriges. Es ist ein Lebensmodell, für das man sich entscheidet und womit man dann arbeiten und leben muss. Nichtdestotrotz: Was mache ich nun mit meiner 400-Euro-Rente? Unschön ist das. Nun, du brauchst einen Vorsorgeplan, da kommst du nicht drum herum.
   Wenn du mit deinem Mann noch zusammenlebst, gehe ich davon aus, dass ihr als Team eure Altersvorsorge besprecht. Aber du kannst dich auch selbst informieren. Kauf dir gute Finanzbücher, lies dich ein bisschen ein und lass dich anstecken von den über 70 000 Frauen, die inzwischen in der Madame-Moneypenny-Gruppe auf *Facebook* sind und das Thema Finanzen nicht mehr von sich wegschieben.
4. Wir sind alle auf dem Weg und müssen einen Schritt nach dem anderen tun Richtung Finanzbildung und guter Vorsorge. Aber den wichtigsten zuerst: Bescheid wissen. Danach: Konsumschulden abbauen. Danach: sparen und

anlegen. Das geht nicht von heute auf morgen. Es ist ein Prozess, aber ein sehr lohnenswerter.

Es ist mir vor allem wichtig, dass du weißt: Du bist kein Opfer deiner Umstände. Auch nicht deiner finanziellen. Du kannst nicht über den Staat meckern und gleichzeitig nicht wissen, wie du mit deinem Geld umgehen kannst, und alle Verantwortung dafür auf deinen Mann schieben. Wir sind erwachsene, mündige Frauen und damit verantwortlich – auch für unsere Finanzen.

Am Ende dieses Themas ist mir jedoch noch eines wichtig zu sagen: Bei allen Spargedanken und weisen Vorsorgeentscheidungen – bitte gönn dir zwischendurch auch immer mal wieder etwas! Es darf sein, dass du dir einfach mal etwas Gutes tust. Das ist dann auch nicht egoistisch, sondern lediglich ein Zeichen für einen gesunden Selbstwert und Freude am Leben, das wir genießen dürfen. Und es ist ein Ausdruck von Vertrauen in Gott, der unser Versorger sein möchte. Trotz aller Geldsorgen durfte ich tatsächlich immer wieder erleben, wie er im Ernstfall eingegriffen und auf wundervolle Weise versorgt hat.

Also, informiert euch, sorgt gut vor, aber fasst auch Vertrauen und genießt das Leben.

Lieber Gott, bitte hilf mir, meine Finanzen in den Griff zu bekommen. Ich will nicht mehr davor wegrennen. Ich will mich nicht nur auf deinen Segenregen oder meinen Mann verlassen, sondern aktiv meinen Verstand und mein Können nutzen, um eine gute Altersrente zu haben. Ich möchte genug Geld haben, um gut zu leben und anderen

Menschen etwas abgeben zu können. Danke, dass du auch diesen Bereich im Blick hast und mir helfen möchtest.

Deine finanzielle Lage ist schwierig,
aber sie muss es nicht bleiben!

Janina:
„Als ich mit meiner ersten Tochter schwanger war, war ich gerade mit meiner Ausbildung fertig und frisch ausgelernt verdiente ich gerade mal so viel, dass es für die Miete und die anderen laufenden Kosten reichte. Plötzlich war da aber dieses Baby in meinem Bauch, für das ich die Verantwortung übernehmen durfte. Ich krempelte mein Leben komplett um und wurde im Schnelldurchlauf „erwachsen". Aber finanziell änderte sich nichts, es blieb wenig und wurde durch die Elternzeit sogar noch weniger. Das war manchmal ein echter Kraftakt und zeitweise eine große Belastung für unsere kleine Familie. Gleichzeitig wurde mir aber auch eines ganz klar: Wir brauchen gar nicht viel zum Glücklichsein UND wir können alles schaffen! Was mir außerdem immer geholfen hat, war Vertrauen in mich

und in das Leben. Dazu eine ordentliche Portion Optimismus und Fleiß. Eine Art Vision. Das als Paket hat auf lange Sicht alles verändert. Ich holte mein Abi nach, ich jobbte, wann immer ich konnte, und wo Arbeit anfiel. Ich krempelte die Ärmel hoch und machte einfach. Was ich gelernt habe in all den Jahren: Finanzielle Unabhängig- und Sorglosigkeit ist zwar schön und macht vieles leichter, aber es ist nichts, was zwingend glücklich macht. Ganz und gar nicht. Man sieht das Schöne im Leben mit dem Herzen! Aber solltest du auch in einer Lebensphase sein, in der es oft mal knapp wird, denk daran: Es braucht Hoffnung, Mut und ein wenig Biss. Aber du kannst es schaffen! Und vergiss bitte nie: Es braucht nicht viel zum Glücklichsein!"

„Meine Träume sind ausgeträumt“

Er gebe dir, was du dir von Herzen wünschst,
was du dir vorgenommen hast,
lasse er gelingen. *Psalm 20,5*

Am Ende unserer 20er treffen wir oft schwerwiegende Entscheidungen. Das ist sehr stressig und endet häufig damit, dass wir das Gefühl haben, unsere Freunde hätten bessere Entscheidungen getroffen als wir. Dadurch fühlen wir uns schnell schuldig und machen uns selbst Vorwürfe. Und wir schauen auf unser eigenes Leben und werden einfach nur frustriert.

Vielleicht hast du immer davon geträumt, einen Mann zu finden und Kinder zu bekommen, aber jetzt, wo dieser Traum wahr geworden ist, fühlt es sich manchmal alles andere als traumhaft an? Vielleicht hattest du auch noch ganz andere Träume und fragst dich, was aus ihnen geworden ist? Oder ob du überhaupt noch welche hast?

Kennst du den Begriff „FOMO“? Er ist eine Abkürzung für „fear of missing out“, also für die Angst, etwas zu verpassen. In diesem riesigen Überangebot und in der Freiheit, die wir aktuell erleben, ist es superschwer, „das Richtige“ für sich herauszupicken und danach nicht mehr nach rechts und links zu schauen, um zu checken, was man wegen dieser Entscheidung nun verpasst hat.

Wie du in der Einleitung dieses Buches gelesen hast, gab es in meinem Leben einen großen Knick, einen Punkt des Scheiterns. Mein Leben verlief also nicht gerade, sondern eher unbequem mit vielen Umwegen und tiefen Tälern. Es ist heute ein gutes Leben, aber es ist auch ein Leben, bei dem ich mich hin und wieder frage: „Was wäre gewesen, wenn ...?" Nächtelang hat mich diese Frage schon gequält. Ich träumte von einer anderen Vergangenheit und stellte mir vor, wie mein Heute dann ausgesehen hätte. Aber mal ganz platt gesprochen: „Hätte liegt im Bette."

In meiner Lebenslinie ist ein großer Zacken, eine Unterbrechung, die abweicht und zu einer Seite ausschlägt. Das Gute aber ist: Ich habe zurückgefunden, auf meinen Weg. Es ging und geht weiter. Der Zacken bleibt, aber das macht meine Lebenslinie doch irgendwie auch einzigartig und interessant.

Hinter unserer Sehnsucht, die Vergangenheit umzuschreiben, steckt oft der Wunsch nach Erlösung. Nach einer zweiten Chance. Aber alles, was wir in diesem Leben haben, ist das Heute. Der Moment im Hier und Jetzt. Die einzige Möglichkeit, die wir haben, ist, dass wir Gott erlauben, uns zu zeigen, wie wir uns im Heute verändern können. Und wie wir dieses Heute gestalten können, um unsere Chancen in Zukunft zu ergreifen.

Es schmerzt, wenn wir manche Träume vielleicht wirklich begraben und uns eingestehen müssen, dass bestimmte Ziele in unserem Leben einfach nicht mehr erreichbar sind, weil sich die Umstände geändert haben. Das Leben ist nicht planbar und es passieren immer wieder Dinge, die niemand hätte vorhersehen können.

In einer Welt, in der Leistung, Zeit- und Selbstoptimierung das Nonplusultra sind und Motivations- und Life-Coaches angeblich zur perfekten Lebensplanung verhelfen können, ist es umso schwerer, wenn wir uns eingestehen müssen, dass sich manche unserer Pläne und Träume nicht mehr erfüllen werden. Das Abschiednehmen von Träumen ist nicht leicht. Sich Wut und Trauer zuzugestehen, kann dabei aber sehr heilsam sein. Träume loszulassen ist immer auch ein Stück weit Trauerarbeit. Und nach diesem Abschied kann ein neuer Lebensabschnitt beginnen, in dem wir erwarten dürfen, dass Gott Großes tun wird.

„Ich glaube nicht, dass irgendetwas in unserem Leben so kaputt und verfahren sein kann, dass Gott es nicht in irgendeiner Form wiederherstellen kann. Alles, was wir tun müssen (und können), ist, uns seiner unendlichen Gnade und Liebe auszuliefern und tiefer in die Geschichte einzusteigen, die er in jedem Augenblick mit uns und für uns schreibt“[3], schrieb James L. Rubart einmal.

Und ja, ich glaube, manche Träume müssen wir begraben, aber wir haben einen Gott, der Tote wieder zum Leben erwecken kann und der dasselbe auch mit unseren Träumen tun kann oder aber sie durch einen viel größeren Traum, *seinen* Traum für uns, ersetzen kann.

Manchmal müssen wir unsere Träume auch nur für einige Zeit hintenanstellen. Sie sind nicht gestorben, sondern einfach nur noch nicht „dran“ gewesen.

Oder manchmal ändern sich einfach die Prioritäten in unserem Leben und damit auch unsere Träume. Aber egal, in welchem Zustand deine Träume gerade sind – du darfst alles, nur nicht aufhören zu träumen!

Verluste, Ängste, Sorgen und Kummer haben sich durch viele meiner Lebensjahre hindurchgezogen und erst jetzt, mit Anfang 30, erkenne ich die Schönheit dieser Tage. Ich erkenne, wie sie mich geprägt und positiv verändert haben. Ich bin an meinen geplatzten Träumen gewachsen. Sie können uns helfen, dass wir Menschen mit anderen Augen sehen und demütiger und verständnisvoller mit anderen umgehen, die ebenfalls schwere Zeiten durchmachen und sich von ihren Lebensträumen verabschieden mussten. Schwere Zeiten bergen in sich die Chance, dass wir uns an unseren himmlischen Vater klammern und bei ihm neue Hoffnung finden, Liebe erfahren und mit ihm wieder träumen lernen.

Oft fühlen wir uns sehr weit weg von Gott, wenn wir noch mitten im tiefsten Tal sind. Aber genau darin liegt das Geheimnis des christlichen Glaubens: Gott hat uns nie versprochen, dass es uns immer gut gehen wird. Und in dieser kaputten Welt und in unserer eigenen menschlichen Fehlerhaftigkeit liegen so viel Potenzial, Schmerz und Verlust zu erleben, dass es schier unmöglich ist, ohne Leiderfahrungen durchs Leben zu kommen. Aber Gott hat uns versprochen, mit uns gemeinsam durch die finsteren Täler hindurchzugehen. Er trägt uns durch den Schmerz unserer tot geglaubten Träume. Er gibt uns neue Kraft und eine neue Hoffnung, die uns nicht verzweifeln lässt, sondern daran erinnert, dass wir fantastische Frauen sind. Starke Frauen. Frauen mit Köpfchen, die irgendwann aus dem Tal wieder herauskommen werden, neue Kraft gewinnen und neue Träume wagen werden.

Dein Leben muss nicht perfekt sein. Dein Lebensweg darf aus ungeraden Linien bestehen. Du bist gut so, wie du bist, denn genau so hat Gott dich geträumt. Und genau die Ecken und Kanten, genau diese ungeraden Linien machen dich spannend. Denn du hast etwas zu erzählen und weiterzugeben!

„Gott kann deine Seele, deine Geschichte, deine Begabungen, deine Leute, deinen Ort und deine Passionen entwirren und anfangen, sie zu einem Plan zu verweben, von dem du bislang nicht zu träumen gewagt hast", schreibt Jenni Allen in ihrem Buch „Mach doch, was du liebst"[4]. Und ich wünsche dir von Herzen, dass du wieder träumen kannst. Ja, dass du wagst, zu träumen. Gott ist noch nicht fertig mit dir und deinen Träumen. Also, mach weiter, träum weiter – und größer!

Gott, du kennst meine Träume. Du kennst meine tiefsten Sehnsüchte. Meine unerfüllten Wünsche, mein größtes Verlangen. Du weißt auch, welchen Kummer es mir bereitet hat, als ich manche von meinen Träumen begraben musste. Bitte hilf mir in meiner Trauer. Hilf mir, loszulassen und mich an neue Träume heranzuwagen.

Gott ist größer als deine Träume!

Nora:
„Ich musste manche meiner Träume aufgeben, andere wiederum verschieben, um meinen Traum von Familie leben zu können. Die Prioritäten der Träume ändern sich und manche Träume haben sich weiterentwickelt. Und manchmal müssen alte Träume gehen, um Platz für neue Träume zu machen."

„Meiner Freundin geht es viel besser als mir“

Freut euch mit euren Familien
an allen guten Gaben, die der Herr euch
geschenkt hat. 5. *Mose 26,11*

Eines Abends saß ich weinend am Esstisch. Ich weinte, weil ich meinen eigenen Ansprüchen mal wieder nicht genügen konnte. Ich weiß gar nicht mehr genau, was der Auslöser war. Ich glaube, es fing damit an, dass ich wieder einmal in der Wohnung einer Freundin war, die so viel schöner und ordentlicher war als meine. Oder mit diesem Post auf *Instagram* von einer ach so glücklichen, perfekten Mama in ihrem ach so perfekten Zuhause. Vielleicht war es auch alles zusammen, ich weiß es nicht mehr.

Ich weiß nur: Unser Haus sieht nicht so tippi toppi aus, wie ich es gern hätte. Es ist nicht durchgestylt und sieht definitiv nicht so aus wie all die Vorzeigehäuser bei *Instagram*. (Vielleicht haben manche Bloggermütter ein Extrazimmer, nur um darin Fotos zu machen?!) Ich ersticke in Wäsche. Ich sehe überall Spuren meiner Kinder und sobald ich fertig gesaugt habe, sind schon wieder neue Krümel da.

Das sind diese Momente,
... in denen ich unsicher bin;
... in denen ich feststelle, dass andere viel effektiver, viel dünner, viel erfolgreicher sind als ich;
... in denen ich Angst habe, etwas zu verpassen, während ich in meinem Alltagstrott festhänge;
... in denen ich denke, dass andere im Leben schon viel, viel weiter sind als ich;
... in denen ich mich unfähig, unbegabt und faul fühle;
... in denen ich aufgeben möchte, weil der Weg viel zu weit erscheint.

Aber dann halte ich inne. Mir wird bewusst: Ich vergleiche mich schon wieder mit anderen. Ich verliere den Fokus auf mein eigenes Leben. Mein schönes Leben, für das ich mich jeden Tag neu entscheide. Für meine Kinder, meine Arbeit, meine Familie. Für meine Lebenspäckchen, die ich trage. Ich sollte dankbar und stolz sein und mein Ziel nicht aus den Augen verlieren, indem ich mich mit anderen vergleiche.

Schönes und Schweres. Glückliches und Trauriges. Lachen und Weinen. Das alles gehört zu meinem Leben. Aber anstatt dankbar zu sein, lasse ich mich immer wieder demotivieren, lasse ich es zu, dass Menschen mit schlechten Gedanken in mein Leben hineinsprechen und mir diese kurze Zeit, die wir auf der Erde haben, vermiesen. Ich lasse zu, dass mich diese Vergleiche runterziehen und mir den Wert nehmen wollen, den ich habe. Warum gebe ich dem Negativen nur so viel Gewicht?!

Vergleichen kann per se zwar auch positiv sein. Es kann uns herausfordern und dazu motivieren, etwas zu verändern. In meinem Fall ist es jedoch meistens negativ und absolut kontraproduktiv, weil ich immer nur meine größten Schwächen mit den größten Stärken von anderen vergleiche, aber viel zu selten das Gesamtpaket sehe. Denn wenn ich mich schon vergleiche, dann müsste ich mich auch in Bezug auf die Dinge, die bei mir richtig gut laufen, mit derselben Person vergleichen. Vermutlich würde ich dann feststellen, dass es durchaus auch Bereiche gibt, in denen *ich* „besser abschneide". Aber so weit kommt es meistens erst gar nicht. Vorher bleiben wir im Frust hängen – und im Neid.

Neid, der dem anderen nichts gönnt, der wie ein bitterer Geschmack die Kehle hinaufwandert, kann zerstörerische Folgen haben. Er führt dazu, dass gelästert und damit versucht wird, die Person, auf die man neidisch ist, kleiner zu machen und sich selbst zu erhöhen. Neid ist ein hässliches Gefühl und vor allem für die eigene Entwicklung alles andere als förderlich.

Aber es gibt auch eine andere Form, mit Neid umzugehen. Meiner Meinung nach kann man auch neidisch auf jemanden sein und der Person trotzdem gönnen, was sie hat. Man empfindet also, dass man selbst gern anstelle der anderen Person wäre, man liebt sie aber so sehr, dass man es ihr von Herzen gönnt.

Ein Beispiel: Eine meiner Freundinnen hat überaus glücklich einen ziemlich reichen Mann geheiratet. Durch alle möglichen Umstände lebt sie jetzt mit vier Kindern in einem riesigen Haus mit Gästewohnungen, einem großen Garten inklusive Naturbadeteich und Hühnern, und sie leben völlig autark. Sie hat gefühlt 25 Zimmer in ihrem

Haus, eine Haushaltshilfe und ein vollkommen friedliches, glückliches Leben. Ich könnte nun versuchen, nach dem zu schauen, was vielleicht nicht perfekt ist, aber ich finde das ehrlich gesagt noch intriganter und hässlicher, als von ganzem Herzen zu sagen: „Wow, ich bin überwältigt, wie schön du lebst. Ich bin echt neidisch, aber ich gönne es dir von Herzen und freue mich, dass du glücklich bist."

Und mit diesem kleinen Neidstachel, der in mir geblieben ist, gehe ich dann abends im Gebet zu Gott und sage: „Ach Mensch, ich hätte ja auch gern einen Naturbadeteich. Aber hilf mir, für das dankbar zu sein, was du mir anvertraut hast." Und ehrlich: Es ist schon Meckern auf hohem Niveau und es sind oft nur First-World-Probleme, über die wir uns insgeheim beschweren. Ja, eigentlich weiß ich, ich sollte überschäumen vor Glück, denn mein Mann und ich sind kerngesund und haben drei gesunde Mädchen. Wir lieben uns und wohnen in einem eigenen Haus mit Garten – wenn auch ohne Naturbadeteich. Da ist es doch völlig egal, ob das Parkett nach vier Monaten schon einen Kratzer hat. Und es ist völlig egal, ob unsere Einrichtung superstylisch ist oder ob wir immer noch keine Lampen und Badunterschränke haben und ob die Bücher unsortiert im Regal stehen. Es interessiert unsere Kinder nicht. Und unsere Freunde auch nicht.

Gott sei Dank gibt es dann immer wieder diese Momente des Innehaltens, in denen es auch mich nicht mehr interessiert und ich erkenne: Das schönste, sauberste und schickste Haus kann ein ganz kalter Ort sein. Ohne Leben. Denn was weiß ich schon, was hinter den verschlossenen Türen derer passiert, auf die ich heimlich neidisch bin?

Aber ich weiß, was bei uns passiert: Bei uns ist es oft laut. Alle reden durcheinander. Vor allem reden drei Frauen auf einen Mann ein und ein Baby krakeelt dazwischen. Wir essen an unserem großen Tisch, die Kinder krümeln und kleckern und wir lachen und reden und streiten und weinen und lieben uns unendlich. Das ist mein Leben. Und das ist absolut unverfälscht – und unvergleichlich gut. Genau wie deins!

Oh Gott, ein tiefer Seufzer steigt aus meinem Herzen empor. Ich will mich doch gar nicht so oft vergleichen, aber die anderen scheinen es so viel besser zu haben und zu machen als ich … Ich weiß nicht, wie sie das scheinbar alles hinkriegen, aber ich muss lernen, bei mir zu bleiben. Bitte hilf mir dabei. Hilf mir, nicht zu verzagen, sondern nur auf mein eigenes Leben zu schauen und meinen Mitmenschen ihr Glück und ihren Erfolg zu gönnen.

Dein Leben ist unvergleichlich gut, so wie es ist!

Natalie:
„Meine Kinder sind im Gegensatz zu denen meiner Freundinnen sehr lebhaft. Manche „normale“ Aktivitäten waren für uns zeitweise einfach nicht machbar und ich fühlte mich oft unverstanden. Ich habe mich häufig verglichen und hatte dabei stets das Gefühl, den Kürzeren gezogen zu haben, obwohl ich theoretisch weiß, dass bei anderen auch nicht immer alles rosarot ist. Doch durch dieses Vergleichen wuchs in mir das Selbstmitleid, das mich immer weiter herunterzog. Ich musste lernen, dass ich unzählige Gründe zur Dankbarkeit habe und dass meine Zufriedenheit nicht davon abhängen muss, dass das Leben leicht ist.“

„Meine Ehe ist auch nicht mehr das, was sie mal war“

Euer Ja sei ein Ja. *Matthäus 5,37 (Lutherbibel)*

Claudia glitzerten Tränen in den Augen, als sie mich ansah. Die Verzweiflung und der Schmerz ließen ihr kaum noch Luft zum Atmen. Viele Jahre waren ihr Mann und sie ein starkes Team gewesen. Drei Kinder hatten sie bekommen. Das dritte Kind war zwar nicht mehr geplant gewesen, aber ihr Mann hatte sich sehr darüber gefreut. Claudia fühlte sich jedoch zunehmend im Stich gelassen mit den drei Kindern im Alltag. Sie reduzierte ihre Arbeitsstunden, wollte eigentlich aber gern Karriere machen.

Über all die Jahre hinweg waren sie als Familie perfekt organisiert gewesen. Arbeit und Kinder zu vereinen war kein Problem. Die Wochenenden waren voll mit ihrem umfangreichen Sozialleben, mit Freunden und Familie. Doch plötzlich wurde ihnen alles zu viel. Sie schafften den Haushalt nicht mehr, die Wäsche blieb liegen, die Nächte wurden immer kürzer, die Zeit zu zweit immer weniger. Dafür häuften sich die Konflikte über Kindererziehung und Arbeitsverteilung, die gegenseitigen Vorwürfe wurden immer mehr und die Herzensmauern immer höher. Irgendwann wurde das Schweigen zwischen ihnen lauter als der Streit.

In dieser Zeit passierte es: Claudia verliebte sich in einen Arbeitskollegen. Sie verbrachten die Mittagspausen zusammen, machten gemeinsame Arbeitsprojekte und teilten die Leidenschaft für dieselben Interessen. Sie fühlte sich zu ihrem Kollegen hingezogen aufgrund seiner Aufmerksamkeit ihr gegenüber, seiner Freundlichkeit und liebevollen Nachsicht. Gleichzeitig wollte Claudia auf gar keinen Fall ihre Ehe und Familie zerstören. Mit all dem Schmerz, der Verzweiflung und Aussichtslosigkeit saß sie an jenem Tag neben mir und schüttete mir ihr Herz aus.

Wenn es erst einmal so weit gekommen ist zwischen zwei Eheleuten, möchte man meistens keine Zeit mehr miteinander verbringen. Zu viele Konflikte belasten die Beziehung. Häufig möchte man nicht mal mehr eine Eheberatung in Anspruch nehmen. Das hat zweierlei Gründe: Erstens möchte man sich die Probleme und das eigene Versagen überhaupt nicht eingestehen. Zweitens hat man tatsächlich einfach keine Lust mehr darauf, Zeit mit dem Partner zu verbringen, weil man sich emotional schon so weit von ihm entfernt hat.

Trotzdem gibt es, neben unserem Trauversprechen und unserem Wunsch, „das Richtige zu tun“, gute Gründe, warum wir an einer Beziehung und einer Ehe festhalten sollten. Solange in der Ehe keinerlei Leben gefährdet ist, solange Körper und Seele keinen Schaden nehmen, ist ein Festhalten an ihr und die Entscheidung für eine Verbindlichkeit auch in schwierigen Zeiten sogar das einzig Sinnvolle, was man tun kann. Vor allem, wenn Kinder beteiligt sind.

Eine Ehe ist ein fester Bund, den man mit einem Menschen eingeht. Der Ehebund als Kirchensakrament, wie wir ihn heute kennen, wurde im Mittelalter von der damaligen Kirche eingeführt, um – unter anderem – das Erbrecht der Könige zu klären.[5] Auch heute schützt der Bund der Ehe pragmatisch gesehen noch das Erbe und unsere Finanzen. Auch Kinder, die in einer Ehe geboren werden, stehen im deutschen Recht unter einem besonderen Schutz.

Solange eine Ehe nicht zerstörerisch ist, hat sie also eine ganz pragmatische Berechtigung als Bund, der dem Schutz beider Eheleute dient.

Im Normalfall trennt man sich jedoch, weil man den Schmerz nicht mehr aushält und die Liebe erkaltet ist. Trennung scheint dann der leichtere Weg zu sein. Aber auch nach einer Trennung wird man sich mit gemeinsamen Kindern nicht los. Es gilt weiterhin zu kommunizieren, zu diskutieren und den anderen regelmäßig zu sehen. Aber das eben alles ohne die Vertrautheit und Wohlgesonnenheit, die eine feste Partnerschaft mit sich bringt.

Ob das wirklich der bessere Weg ist?

Dennoch: Wir Menschen sehnen uns einfach nach Liebe und Zärtlichkeit, nach Erfüllung und Glück, nach Leidenschaft und Romantik. Und wir leiden, weil diese Gefühle im Alltag manchmal verloren gehen. Sie werden begraben unter einem Haufen von To-dos, Arbeit, Stress, Schlafmangel und Erschöpfung. Sie liegen verschüttet unter einem Berg von Vorwürfen, Verletzungen und Unverständnis. Es ist schwer, diesen ganzen Berg wieder abzutragen und „zur Müllhalde zu bringen", um wieder an die verloren geglaubten Gefühle zu gelangen – die in den meisten Fällen nicht gänzlich verschwunden, sondern tatsächlich nur begraben sind. Und es ist natürlich noch schwerer, diesen Berg an Schuld und Verletzungen abzutragen, wenn man es allein versucht, als wenn man es zu zweit macht. Es ist schwer, aber es ist nicht unmöglich.

Es ist sogar möglich, die Entscheidung für eine Ehe und die Wiederbelebung der Liebesgefühle zu treffen, wenn einem rein emotional (noch) gar nicht danach ist. Vielleicht ist die Entscheidung tatsächlich erst mal nur pragmatisch begründet. Aber schon kleine Gesten der Zuneigung können helfen, die verloren geglaubten Gefühle wieder auszugraben und die Romantik wieder aufkommen zu lassen.

Kleine Änderungen in unseren Verhaltensweisen können eine große Wirkung haben: Zum Beispiel die Entscheidung, Vorwürfe ab jetzt hinunterzuschlucken, dem Bedürfnis zu meckern nicht mehr nachzugehen und den Partner stattdessen öfter mal zu loben und zu sagen, was gerade gut läuft. Außerdem können wir Gott bitten, uns wieder an das zu erinnern, in das wir uns damals so verliebt haben, und versuchen, ihn dadurch wieder mit anderen Augen zu sehen.

Es gibt viele Möglichkeiten, eine Partnerschaft auch emotional wiederzubeleben. Eine Freundin erzählte mir, dass sie in einer Phase, in der sie nur das Schlechte in ihrer Beziehung sah, damit anfing, ein ganz besonderes Tagebuch zu schreiben. Jeden Tag schrieb sie mindestens eine schöne Sache auf, die sie an diesem Tag mit ihrem Partner erlebt hatte, oder eine positive Eigenschaft, die ihr an ihm aufgefallen war. Das konnten noch so kleine Momente sein oder manchmal auch nur eine schöne Erinnerung – Hauptsache, irgendetwas Positives, das sie mit ihrem Partner verband. Schon nach kurzer Zeit merkte sie, wie sich ihr Fokus änderte und sich ihre Aufmerksamkeit wieder auf das Gute an ihrem Partner und ihrer Beziehung richtete. Und hatte sie anfangs noch Mühe, jeden Tag etwas aufzuschreiben, wurden die Seiten mit der Zeit wie von selbst immer voller – genauso wie ihr Herz, in das die Liebe zurückkehrte.

Auch bei meiner Freundin Claudia kam es zu einer Entscheidung: Der Mann, in den sie sich verliebt hatte, hat inzwischen seine Arbeitsstelle gekündigt. Er konnte Claudia nicht in die Augen blicken, als er es ihr mitteilte. Die Gefühle zueinander blieben unausgesprochen, aber sie wusste, dass er ging, um seine eigene Beziehung nicht zu gefährden. Claudias Herz brach. Doch es bleibt Hoffnung auf eine bessere Zukunft – auch für ihre Ehe.

Ich glaube, dass es sich lohnt, an einer Partnerschaft oder Ehe festzuhalten, und dass es Gott möglich ist, eine tote Liebe wieder zum Leben zu erwecken!

Gott, ich fühle mich trostlos und erschöpft, wenn ich an meine Beziehung denke. So viel Schmerz, Kummer und all die Verletzungen machen es mir schwer, an dieser Liebe festzuhalten. Wäre es nicht einfacher, zu gehen und etwas Neues zu wagen, mich neu zu verlieben? Gib mir die Kraft, wieder ganz neu Ja zu meiner Ehe zu sagen. Hilf mir, wieder neu lieben zu lernen und positive Gefühle zuzulassen. Danke, dass du die Liebe selbst bist und in mir lebst.

Ja, deine Ehe verändert sich,
aber mit Gottes Hilfe können selbst
tot geglaubte Gefühle wieder zu neuem
Leben erwachen!

Marta:
„Es gab eine Zeit, in der mein Mann und ich so schwerwiegende Probleme hatten, dass ich dachte, diese Ehe kann nicht mehr funktionieren. Ich war bis dahin immer davon überzeugt gewesen, dass wir zusammen bleiben müssten. Aber letztendlich ließ ich den Gedanken zu, dass wir uns auch trennen könnten. Als ich plötzlich erkannte, dass ich auch die Möglichkeit hatte zu gehen, wurde mir eine unglaubliche Freiheit geschenkt. Eine Freiheit, in der ich spürte und wusste, dass ich mein Leben und meine Beziehung selbst gestalten kann und dafür Verantwortung übernehmen darf. Erst in dieser Freiheit konnte ich erfahren, dass ich nicht mit meinem Mann verheiratet bleiben musste, *sondern* wollte. *Ich habe bis heute meine Entscheidung nicht bereut und freue mich an unserem gemeinsamen Leben."*

„Ich kann nur zufrieden sein, wenn alles perfekt ist“

Schließlich betrachtete Gott alles, was er geschaffen hatte, und es war sehr gut. 1. Mose 1,31

Unsere mittlere Tochter hatte gestern einen Klavierauftritt. Sie spielt erst seit anderthalb Jahren Klavier und wir sind sehr stolz, dass sie überhaupt schon Noten lesen kann. Umso aufgeregter und glücklicher waren wir, als sie bei ihrem Auftritt die drei kurzen Lieder, die sie vorbereitet hatte, fehlerfrei und voller Inbrunst spielte. Wie Eltern so sind, platzten wir in diesem Moment beinahe vor Stolz, als wir unser kleines, großes Mädchen dort am Flügel sitzen sahen.

Sie war die erste von 21 Schülern. Nach ihr kamen, ich muss es ehrlich zugeben, kleine Wunderkinder. Kleine Sechsjährige, die sich schon auf den Talentwettbewerb „Jugend musiziert“ vorbereiteten, die auswendig Etüden spielten und für zehn Minuten den Flügel zu ihrem machten. Wir waren baff. Fasziniert. Und uns wurde deutlich bewusst, dass unser kleines, zauberhaftes Mädchen keinerlei Ausnahmetalent war, dass es keinen perfekten, glänzenden

Auftritt hingelegt hatte, sondern dass sie einfach durchschnittlich war. Mittelmaß. Normal eben.

Irgendwann, nachdem wir uns eine Stunde lang verschiedenste Kinder angehört hatten und nur noch mit Mühe unsere jüngste Tochter bei Laune halten konnten, stand ein kleines Mädchen auf. Sie sah zauberhaft aus. Sie war sechs Jahre alt und spielte erst seit einem Jahr Klavier. Auch sie bereitete sich schon auf ihren Auftritt bei „Jugend musiziert" vor. In der Altersklasse 1. Sie setzte sich ans Klavier und spielte fünf Minuten lang. Fantastisch. Sie hatte unendlich viel Gefühl. Ich war hingerissen. Nach einer Stunde Schülerkonzert schaffte sie es, mich noch mal zu fesseln. Wie kann ein 6-jähriges Kind nur so unglaublich gut spielen?

Als sie fertig war und sich wieder zu ihrer Familie setzte, drehte ich mich zu ihr um. Ich wollte ihr anerkennend zunicken. Sie aber saß angekuschelt an ihren Papa da – und weinte bittere Tränen. Sie fühlte sich augenscheinlich nicht „gut genug", weil sie Fehler gemacht hatte und unter enormem Druck stand. Ihr Papa flüsterte ihr tröstende Worte ins Ohr und lenkte sie ab. Zehn Minuten später lächelte sie wieder. Trotzdem war mein Herz ganz schwer. Während unsere Tochter fröhlich auf ihrem Stuhl herumzappelte, sich selbst „richtig gut fand" und stolz auf ihren Mut war, weinte ein anderes kleines Mädchen, das offensichtlich ein riesiges Talent hatte und viel mehr als nur „Mittelmaß" war.

Wer bestimmt also, ob wir mittelmäßig sind? Könnten das am Ende tatsächlich nur wir selbst sein? Mit einer Meinung, die durch den Vergleich mit anderen gefestigt wird?

Wenn wir selbst darüber bestimmen können, wie gut wir uns finden, warum entscheiden wir uns dann nicht heute, uns nur noch darauf zu besinnen, was wir selbst machen und wie wir selbst leben? Vielleicht können wir dann auch öfter mal sagen: „Ich fand mich richtig gut“?

Was dabei hilft, einen positiveren Blick auf sich selbst zu bekommen, ist, sich jetzt sofort fünf Dinge zu überlegen, auf die du richtig stolz sein kannst. Also, schau dich mal um in deinem aktuellen Leben. Was ist dir gelungen? Sind es die eigenen Kinder? Ist es das saubere Bad? Ist es die Ausbildung, die du wirklich gut geschafft hast? Ist es vielleicht auch nur, dass du es heute gemeistert hat, dich neu anzuziehen, nachdem dein Baby alles voller Milch gespuckt hat?

Es gab Momente in meinem Leben, in denen war ich einfach nur stolz darauf, dass ich alle Kinder irgendwie durch den Tag bugsiert hatte, abends im Bett lag und es tatsächlich geschafft hatte, zwischendurch auch selbst etwas zu essen.

Wie bezeichnend ist es, dass dieses kleine Mädchen nach ihrem für sie scheinbar misslungenen Klavierauftritt Trost bei ihrem Papa fand. Haben wir auch so einen Menschen in unserem Leben, der uns sagt, dass wir es „gut gemacht“ haben, dass wir „gut genug“ sind? Und haben wir nicht einen himmlischen Vater, der sich zu uns setzt und uns sagt, dass wir wertvoll sind und einzigartig gut gelungen? Dass wir nicht besonders in etwas sein müssen, um besonders geliebt zu sein?

Jennifer Zimmermann, eine Freundin und Kollegin von mir, schrieb in einem ihrer großartigen Artikel[6], dass die Welt nicht noch mehr erstklassige Klavierspieler oder andere Meister ihres Fachs braucht, sondern unbedingt noch mehr Menschen, die einfach voller Leidenschaft durchs Leben gehen. Die lieben, leben, lachen und voller Mitleid für die Menschen sind, die alles andere als perfekt sind. Wir brauchen noch mehr Eltern, die sich neben ihre Kinder auf die Bettkante setzen und zehn Minuten später vor Erschöpfung einschlafen, weil sie wieder einen herrlich unperfekten, intensiven Tag hinter sich haben.

Wir brauchen noch mehr Mütter, die sich mit gespielter Faszination TikTok-Videos vom pubertierenden Teenager zeigen lassen. Wir brauchen noch mehr Mütter, die es sich erlauben, einfach normal zu sein. Durchschnitt. Mittelmaß.

Sich das einzugestehen, kann zuerst schmerzhaft sein. Aber es ist auch befreiend. Einfach normal zu sein ist so stressfrei! Wir müssen uns nicht den Stress machen und eine Sportart finden, in der unsere Kinder zu Olympiasiegern werden könnten.

Wir wissen, dass wir uns mit unserer Erziehung genug angestrengt haben, wir brauchen keine besondere Anerkennung mehr dafür.

Wir wissen, dass unsere mittlere Tochter kein anderes Instrument mehr lernen muss, weil sie vielleicht an der Klarinette statt am Klavier eine herausragende „Jugend musiziert"-Künstlerin werden würde. Nein, sie darf einfach mittelklassig Klavier spielen und dabei Spaß haben. Und wenn sie irgendwann feststellen sollte, dass alle anderen Kinder besser spielen können als sie, und deshalb keine Auftritte mehr machen möchte, dann darf sie auch aufhören. Sie darf einfach sein. Echt sein. Ohne Druck. Genauso wie ich. Und wie du.

Also lass es uns wie meine Tochter machen: Lass uns gegen die Perfektion und für die Freude entscheiden, lass uns einfach das tun, was uns Spaß macht, und die herrliche Freiheit eines mittelmäßigen Lebens entdecken!

Gott, du weißt, wie sehr es mich belastet und schmerzt, dass ich niemals perfekt sein und nicht die besondere Leistung vollbringen kann, die ich gern vollbringen würde. Bitte befreie mich von dem Druck und der Last, die auf meinen Schultern liegt. Hilf mir, den Wunsch nach Perfektion und den Stress, der damit einhergeht, loszulassen. Hilf mir, auch in einem mittelmäßigen Leben zufrieden zu sein.

Du musst nicht besonders sein,
um besonders geliebt zu werden.

Lydia:
„Den Drang zum Perfektionismus hatte ich im ersten Lebensjahr meiner Tochter, danach ebbte er Stück für Stück ab. Damals wollte ich mich möglichst an jeden Rat aus den Erziehungsbüchern halten, und das stresste mich sehr. Heute bin ich viel entspannter. Das Leben ist niemals perfekt und eine Kindheit genauso wenig. Wichtig ist, dass sich die Kinder gewollt und geliebt fühlen. Das hat Priorität und das versuche ich, meinem Kind täglich zu vermitteln."

„Ich bin so deprimiert"

Ich will den Herrn loben und nie vergessen,
wie viel Gutes er mir getan hat. Psalm 103,2

Die Tränen rollen Anna über die Wangen. Sie schiebt ihr kleines Baby im Buggy über unsere Hauseinfahrt. Die ersten Wochen als Mama waren hart, die Umstellung schwer. Die Müdigkeit macht ihrem Körper zu schaffen und große Versagensgefühle erfüllen ihre Seele. Sie fühlt sich dumm, träge und unfähig: „Nicht mal kochen kann ich, das macht nur noch der Thermomix!" Ich umarme sie fest, reiche ihr ein Taschentuch und eine Tasse Tee.

Ihre Gefühle sind mir nicht unbekannt. In Schüben kommen sie auch bei mir immer mal wieder. Es gibt Tage, da fühle ich mich unschlagbar, da könnte ich Bäume ausreißen. Diese Tage sind erfüllt mit dem Duft von frisch gebackenem Apfelkuchen mit Vanillesoße, mit selbst gekochtem Möhreneintopf wie von der Schwiegermama höchstpersönlich, mit Lachen, Basteln und schönen Familienausflügen, nach denen unsere Kinder beseelt und glücklich ins Bett fallen. Es sind diese Tage, an denen ich einen tollen Artikel geschrieben habe, der viele Frauen berührt hat und in ihr Leben spricht. Tage, an denen mein

Mann und ich glücksträge mit einem Glas Wein in unserer Lieblingsbar sitzen oder ich mit meiner lieben Freundin genüsslich einen Latte macchiato trinke, während wir uns unsere tiefsten Geheimnisse anvertrauen.

Das sind die Tage, von denen ich lange zehre. Denn es gibt auch diese anderen Tage, die ungefähr so laufen: Ich stehe morgens müde auf. Mich schmerzt der Fuß. Fersensporn. Wahrscheinlich wegen der paar Kilo zu viel auf meinen Rippen. Die Kinder sind nicht gut drauf. Die großen Mädchen zanken und später bringt eine von ihnen eine schlechte Note mit nach Hause. Es gibt keinen Kaffee mehr und auf Kochen habe ich auch keine Lust. Der Schreibtisch ist überladen mit Zetteln und Briefen, die alle noch beantwortet werden müssen. Die Post bringt noch mehr davon – Rechnungen natürlich. Die Grundsteuer muss auch schon wieder bezahlt werden. Der Tag ist zäh, ich bekomme gefühlt gar nichts auf die Reihe. Ich mache keinen schönen Ausflug mit den Kindern, und wenn die Oma und unsere Babysitterin nicht wären, würden die Kinder nie etwas Schönes unternehmen – so kommt es mir an diesen Tagen zumindest vor. Abends bekommt der Mann dann meine schlechte Laune ab.

Wenn sich solche Tage häufen, neigen wir dazu, unser ganzes Leben infrage zu stellen: unsere Ehe, die Beziehung zu unseren Kindern, unsere Fähigkeiten als Mutter, als Arbeitnehmerin, als Freundin und unsere Identität als Frau an sich. Diese trüben Tage reihen sich manchmal aneinander und sind dann wie ein dunkles Tal, aus dem wir nicht mehr herauszukommen glauben. Wir fühlen uns ungeliebt, verletzt und unfähig und glauben, die einzige Person auf der ganzen Welt zu sein, die sich so fühlt. Und schon sind wir wieder beim leidigen Vergleichen. Bei den anderen sieht alles schließlich so viel besser aus, Neid kriecht uns die Wirbelsäule hoch und setzt sich in unserem Nacken fest. Und immer und immer wieder kommt dieser Gedanke, der unsere Augen mit Tränen füllt: „Ich bin so deprimiert, ich bin so unglücklich!"

Meine Freundin Anna fühlt sich nicht nur unglücklich, sondern auch unfähig, während sie bei mir sitzt, ihren Tee trinkt und ihre Tränen trocknet. In meinen Augen ist sie wunderschön. Sie ist groß, sportlich, hat tolle Haare, eine fantastische Figur, einen guten Job und backt den weltbesten Kuchen. Sie hat einen klugen und lieben Mann, einen zuckersüßen Sohn und ist eine sehr herzliche und liebevolle Frau, die im Übrigen in einer superstylischen Wohnung lebt. Was könnte Anna also tun, damit sie anfängt, sich selbst so wahrzunehmen, wie ich sie sehe, und dieser Lüge in ihrem Kopf nicht mehr zu glauben?

Ich weiß selbst, wir können unsere Gefühle nicht einfach abschalten, aber wir können eine andere Haltung zu ihnen einnehmen. Denn die können wir sehr wohl ändern. Es hilft, sich innerlich von unseren negativen Gefühlen und Gedanken zu distanzieren und eine Sicht von „weiter oben" einzunehmen. Wenn wir es schaffen, einen Blick aufs große Ganze zu erhaschen und unsere Gesamtsituation zu überblicken, nehmen die schlechte Note der Tochter, der missratene Kuchen, der Streit mit dem Mann oder der schlecht gelaunte Chef plötzlich einen ganz anderen Stellenwert ein. Wir erkennen, dass diese unerfreulichen Momente eben nur das sind: Momentaufnahmen eines ganzen Lebens. Eines Lebens, das im Großen und Ganzen gut ist.

Ich weiß, diese positive, zuversichtlichere Sichtweise zu gewinnen ist nicht leicht, wenn die Tage so grau und schwer sind. Aber wir sollten uns wirklich um sie bemühen. Denn mit Zuversicht stehen wir an jedem Morgen etwas leichter auf, trinken den Kaffee etwas genüsslicher und umarmen unsere Kinder etwas länger.

Die Nacht war wieder mal bescheiden? Die Kinder wechseln sich ab mit einem hartnäckigen Magen-Darm-Infekt und dich hat es heute auch noch erwischt? Die Wäscheberge werden einfach nicht kleiner und es gibt für dich nichts Schlimmeres als Bügeln? Du bist komplett fertig, weil dein Baby die ganze Nacht gebrüllt hat?

Dann halte heute inne. Nimm dir einen Moment. Setz dich hin, schließ die Augen und atme tief ein und aus. Mach dir bewusst: Dein Kind wird schnell älter werden und irgendwann sind diese kurzen Nächte nur noch eine schlechte Erinnerung. Die Kinder sind irgendwann aus dem Haus und du wäschst nur noch zwei Waschmaschinenladungen pro Woche. Und der Krach mit deinem Mann ist nachher wieder vergessen. Atme, ändere deine Perspektive. Blick von weiter oben auf deine kleine Alltagssituation. Ich weiß, es ist schwer, aber möglich!

Manchmal fühlen wir uns auch unglücklich, weil wir zu viel wollen von unserer aktuellen Lebenssituation. Wir wollen alles richtig machen, wir wollen allen und allem gerecht werden und ein rundum tolles Leben vorweisen können. Das gelingt uns nicht und lässt uns dann glauben, wir haben versagt und seien unglücklich.

Gerade die Kleinkindjahre bringen diese Gefühle oft in uns Mamas hervor. Dabei hat uns vielleicht nur niemand wirklich auf diese Jahre vorbereitet. Die vielen Influencerinnen auf *Instagram* und Mamabloggerinnen, die ihre schönen Fotos und (scheinbar) perfekten Leben der Welt präsentieren, waren jedenfalls nicht sonderlich hilfreich.

Doch genau hier denken wir schon falsch: Wir können nämlich niemand anderem die Schuld für unsere Versagensgefühle geben. Es gibt immer Menschen, deren Leben schöner ist oder zumindest schöner scheint. Die Mamabloggerin hat immer die schönsten Kleider an und backt die besten Kuchen? Es ist ihr kein Vorwurf dafür zu machen, dass sie nicht den Livestream anschaltet, wenn sie sich mit ihrem Mann streitet.

Wir müssen immer bei uns selbst ansetzen – und bleiben. Du bist unglücklich? Dann ändere deine Perspektive und Sichtweise auf dein Leben. Gib dich nicht dem Selbstmitleid hin und mach dich nicht zum Opfer deiner Umstände. Du bist deinen Gefühlen nicht hilflos ausgeliefert, sondern kannst sie aktiv verändern. Wie? Indem du den Gedanken der Zuversicht zulässt!

Zuversicht ist mehr als eine vage Hoffnung. Zuversicht drückt aus, dass du davon überzeugt bist, dass sich deine Situation und dein schlechter Tag noch einmal ändern werden. Die Stimme der Zuversicht sagt dir selbst am schlimmsten Tag: „Ja, das alles ist ätzend. Aber ich verrate dir etwas: Es wird eine Zeit kommen, da hast du all das entweder vergessen oder du wirst darüber lachen. Dieser Tag lief bisher vielleicht suboptimal und dein Leben ist aktuell nicht so, wie du dir das gewünscht hast, aber: Es wird besser werden!"

Und wenn es dir heute so geht, dass der Tage trüb und schwer vor dir liegt. Wenn du müde bist und keine Hoffnung auf Veränderung in dir spürst, dann nimm dir zwei Minuten und bete dieses Gebet. Es wird dir helfen – da bin ich ganz zuversichtlich!

Gott, ich bin müde und kraftlos. Ich fühle mich unglücklich aufgrund meiner aktuellen Umstände. Ich wünsche mir eine Veränderung meiner Gefühle. Ich wünsche mir, dass ich mehr Kraft habe und mich meinen negativen Gefühlen und Gedanken nicht mehr so hilflos ausgeliefert fühle. Schenke mir einen Lichtstrahl, der mir Hoffnung bringt. Gib mir Kraft für diesen Tag und hilf mir, die kleinen Momente des Glücks wahrzunehmen und dankbar für das zu werden, was ich habe. Schenk mir wieder Zuversicht.

Du musst nicht alles glauben,
was du fühlst und denkst!

Clementine:
„Als ich bei meiner zweiten Geburt im Kreißsaal lag, spürte ich, dass etwas anders war. Ich konnte die Geburt nicht richtig annehmen für mich. Danach war ich erschöpft und müde. Die überschwängliche Liebe, die ich direkt nach meiner ersten Geburt für unseren Sohn gespürt hatte, konnte ich diesmal nicht fühlen. Unsere Tochter fühlte sich fremd an. Mir hat sehr geholfen, als mir andere Mütter gesagt haben, dass ich einfach noch Zeit brauche – und dass ich nicht allein mit diesen Gefühlen bin. Nach zwei bis drei Wochen wurde es besser. Inzwischen ist meine Tochter mein kleiner Sonnenschein und ich kann mir gar nicht mehr vorstellen, wie ich jemals daran zweifeln konnte, sie nicht genauso lieben zu können wie ihren Bruder."

KÖNIGSTOCHTER.

„Ich bin unzufrieden mit meinem Leben"

Denn ich allein weiß, was ich mit euch vorhabe: Ich, der Herr, habe Frieden für euch im Sinn und will euch aus dem Leid befreien. Ich gebe euch wieder Zukunft und Hoffnung. *Jeremia 29,11*

Christin ist genervt. Ihr Mann kommt berufsbedingt nur am Wochenende heim und fühlt sich dann wie ein Störfaktor. Sie und ihre Kinder freuen sich jedes Mal, wenn er endlich wiederkommt. Alle fiebern aufs Wochenende hin, sind aufgeregt und glücklich.

Die ganze Woche über stemmt Christin ihren Halbtagsjob, den Haushalt und die Kinderbetreuung allein. Sie hat sich einen sinnvollen, organisatorischen Ablauf überlegt, den sie gut meistert.

„Aber dann sitzt mein Mann am Frühstückstisch und schimpft mit unserer Tochter, weil sie kleckert. Die Kinder sind ihm zu viel, zu laut und zu anstrengend, und oft steht er wie ein Fremdkörper in unserer Wohnung herum und weiß nicht, wo er mit anpacken soll", sagt Christin zu mir. „Ich verstehe das, er kennt unsere Abläufe ja nicht, aber es ist superanstrengend. Dann bin ich genervt, wir streiten und das ganze langersehnte Wochenende ist kaputt. Vielleicht habe ich auch einfach zu hohe Ansprüche an diese gemeinsamen Tage."

Christin ist traurig. Zu diesen schwierigen Zeiten als Paar kommen noch finanzielle Sorgen und ihr Wunsch nach beruflicher Erfüllung hinzu. Manchmal denkt sie, dass es leichter wäre, sich von ihrem Mann zu trennen. Sie könnte noch mal neu beginnen. Vielleicht wäre sie ohne ihn besser dran, überlegt sie sich dann. Christin verfällt in solchen Momenten in Selbstmitleid. Die Existenzängste kriechen ihr den Nacken hinauf und machen sich in ihren Gedanken breit. Sie beginnt, den Sorgen und Ängsten Glauben zu schenken. Sie sieht nicht, dass es Lügen sind, die ihr einreden wollen, dass ihr Leben nicht wertvoll ist, so wie es ist. Sie glaubt ihren negativen Gefühlen.

Unsere Gefühle betrügen uns manchmal, sie führen uns in die Irre und sind deshalb nicht das, worauf wir als Erstes hören sollten. Natürlich gibt es sogenannte Bauchentscheidungen oder Herzensentscheidungen – wenn wir tief in uns hineinhören, wissen wir meistens, was richtig ist und was wir tun sollen. Dann ist es gut, auf unser Bauchgefühl zu hören. Aber oberflächliche Gefühle beziehungsweise unsere aktuellen Stimmungen sind meistens keine gute Grundlage für unsere Entscheidungen. Sind unsere negativen Gefühle erst einmal da, können wir sie nur schwer ändern. Unsere Gedanken können wir jedoch ändern. Und sie sind oft ausschlaggebend für unsere Gefühle. Wir können unsere Gedanken lenken, wir können ihnen im Namen Jesu Einhalt gebieten und uns entscheiden, sie nicht weiterzuverfolgen. Wir sind weder unseren Gefühlen noch unseren Gedanken ausgeliefert. Wir können aktiv mitgestalten, wie wir denken und handeln. Das führt dazu, dass wir leider keine Ausrede mehr haben, macht uns aber auch freier. Wir sind unser eigener Herr über unser Innenleben. Wir können in schwierigen Situationen lernen, gute Gedanken einzuüben.

Christin könnte also, wenn sie wieder beginnt, sich über ihren Mann aufzuregen, zu sich selbst sagen: „Er meint es nur gut“, „Er liebt uns“, „Ich freue mich, dass er wieder da ist“, „Wir machen das Beste aus der Situation“. Das klingt vielleicht erst einmal so, als würden wir uns selbst anlügen wollen, aber es funktioniert, weil wir so bewusst die Negativspirale unserer Gedanken und Gefühle durchbrechen.

Was auf jeden Fall hilft, ist, einen Moment innezuhalten und innerlich Ja zu dem Leben zu sagen, so wie es jetzt ist. Es kann erlösend sein, sich bewusst zu machen, dass man alle Entscheidungen, die man früher einmal getroffen hat, nicht ohne Grund getroffen hat – dass man sich zum damaligen Zeitpunkt mit seinem damaligen Mindset und allen äußeren und inneren Umständen offensichtlich nicht anders entscheiden konnte beziehungsweise genau diese Entscheidung für die richtige gehalten hat, mit deren Ergebnis man jetzt lebt.

Als Christen können wir außerdem darauf vertrauen, dass „Gott uns Zukunft und Hoffnung“ gibt, wie es in Jeremia 29,11 heißt. Er war bei unseren Entscheidungen damals dabei und ist auch heute bei unseren Entscheidungen dabei. Er wird mit dir durch dein Leben gehen und dich begleiten, egal, welche Entscheidung du getroffen hast. Also, glaube nicht der Lüge, dass du das falsche Leben gewählt hast.

Lügen über uns selbst, unser Leben und unsere Familie, die sich in unserem Kopf breitmachen, können wir entmachten. Wir müssen sie nicht glauben. Wenn Menschen dir in deinem Leben immer wieder erzählt haben, dass du unfähig bist, dass du nichts wert bist, dass du dumm, dick und hässlich bist, dann musst du diese Worte nicht länger mit dir herumtragen. Entmachte sie, indem du das Gegenteil von ihnen über deinem Leben aussprichst! Du bist nicht länger das Opfer der Erlebnisse deiner Vergangenheit, sondern kannst dich davon frei machen.

Wann immer diese alten Glaubenssätze wieder in dir hochkriechen und dir sagen wollen, wer du bist oder nicht bist, erinnere dich an die Wahrheit: Du bist klug, eine gute Mama und vor allem eine schöne und wertvolle Frau. Eine Königstochter an dem Platz, der ihr vom Höchsten zugewiesen wurde.

Lieber Vater im Himmel, hilf mir, frei zu werden von den Lügen, die immer wieder in meinem Kopf herumschwirren und mir einreden wollen, dass ich und das Leben, das ich lebe, nichts wert sind. Ich will lernen, Herr über diese Lügen zu werden und sie als solche zu entlarven. Danke, dass du mir deine Wahrheit über mich offenbarst.

Du bist genau an dem Platz,
an den Gott dich gestellt hat.

Anne:
„Ich habe oft schlecht gedacht von mir. Vor allem in stressigen Familiensituationen, die mir das Gefühl gegeben haben, dass ich keine gute Mutter bin. Ich bin in Selbstmitleid gefallen und habe eine ablehnende Haltung gegenüber meiner Familie eingenommen. Aber ich habe mich irgendwann entschieden, gute Gedanken einzuüben und mich in solchen Situationen selbst zurückzuholen. Gedanken sind oft der Ausgangspunkt für Gefühle."

„Meine Angst lähmt mich"

„Dies alles habe ich euch gesagt, damit ihr durch mich Frieden habt. In der Welt werdet ihr hart bedrängt, aber lasst euch nicht entmutigen: Ich habe diese Welt besiegt."   Johannes 16,33

Ich bin ein sehr ängstlicher Mensch. Ich habe Angst vor eigentlich allem. Vor der Dunkelheit, vor Krieg, Atomwaffen, Krankheiten, dem Tod, aber auch vor Spinnen, Silberfischen, Schimmel und Geldnot. Ich habe Angst vor der Zukunft, ich habe Angst, meine Aufgaben nicht zu schaffen, und ich habe Angst, als Mutter zu versagen.

Ich habe meine persönlichen Bürden, Nöte und Ängste und all diese Dinge lasten auf mir. Ich stehe mit ihnen auf und gehe mit ihnen ins Bett. Ich trage sie vor mir her, wenn ich die Kinder abhole, ich wälze sie in meinen Gedanken, wenn meine Mädchen allein mit der Straßenbahn fahren, und ich nehme sie mit auf ein romantisches Date mit meinem Mann.

Ich kann die schönen Momente dann nur schwer genießen. Überhaupt fällt es mir unheimlich schwer, im Moment zu sein und nicht in der Vergangenheit zu kramen oder schon in der Zukunft unterwegs zu sein.

Ich versuche, gegen meine Ängste anzukämpfen, versuche, jeden Tag einzeln zu sehen, und meistens gelingt mir das auch ganz gut – aber irgendwie scheint es normal zu sein, dass die Menschen im 21. Jahrhundert viele Ängste haben. Ich rede hier nicht von handfesten Angststörungen oder Phobien. Ich spreche von alltäglichen Ängsten weltpolitischer Art oder der Angst vor Krankheit, der Angst um die Kinder, der Angst vor Terrorismus, der Angst vor großen Menschenmassen und so weiter.

Der postmodernde Mensch ist scheinbar anfällig für Ängste jedweder Art. Wahrscheinlich auch deshalb, weil er einen Verlust seiner Orientierung und eine Form der Sinnentleerung durchlebt. Noch nie war so viel möglich wie heute, noch nie war so viel unsicher wie heute. Das kann überfordern – und Angst machen. Die Pharmaindustrie freut sich und verteilt fleißig Beruhigungsmittel und Schlaftabletten. Versteht mich nicht falsch, Medikamente sind nicht verwerflich und manchmal durchaus angebracht, aber sie ersetzen eben nicht die Arbeit an der Wurzel des Problems.

Unsere Angst kann bewältigt werden, allerdings nur in kleinen Schritten und in einer geschützten Atmosphäre. Aber wir müssen uns ihr stellen, und dazu gehört auch anzuerkennen, dass wir nicht alles kontrollieren können. „Die Fähigkeit, loszulassen und Veränderung zuzulassen, kann die Existenzangst, die in uns allen schlummert, besiegen."[7] So schreibt es Winfried Hahn, Pastor, Pädagoge und Leiter eines psychiatrischen Wohnheims.

Meine Zukunftssorgen lassen sich nicht von heute auf morgen abstellen, sondern nur langsam, Schritt für Schritt, bewältigen. Es gibt eine schöne Geschichte aus einem Zoo, den ich einmal besucht habe, die zeigt, wie wir über uns selbst hinauswachsen und unsere Ängste besiegen können:

Ich war mit einer meiner engsten Freundinnen und unseren Kindern in eben jenem Zoo bei den Erdmännchen. Meine Freundin, ich nenne sie hier Susi, dachte, es wäre eine großartige Idee, ihre einjährige Tochter auf die steinerne Mauer um das Erdmännchengehege zu setzen. Die wiederum fand das so großartig, dass sie mit ihren Beinen aufgeregt strampelte und dabei einen Schuh verlor. Der direkt im Gehege landete. Susi rief völlig außer sich: „Oh nein, die waren ganz neu und furchtbar teuer. Mein Mann hat schon geschimpft, dass ich so teure Schuhe gekauft habe. Mist! Was machen wir denn jetzt?“

Wir schauten uns um nach einem Tierpfleger und gingen zum nächsten Kiosk, aber niemand war da und konnte helfen. Also dachte ich: „Na gut, dann muss ich da eben reinklettern. Ist ja auch gefährlich für die Erdmännchen, wenn die den Schuh fressen würden.“

Man muss wissen, dass Erdmännchen keine netten Tiere sind, auch wenn sie so aussehen. Es sind Raubtiere mit spitzen Zähnen, und sie haben immer einen, der auf einem Hügel sitzt und Wache hält. Manchmal wechselt aber die Wache und diesen Moment nutzte ich. Um das ganze Gehege stand eine Traube von Menschen, wir befanden uns nämlich in einer Großstadt. Ich kletterte also über die Steinmauer in das Gehege, schnappte mir den Schuh, warf ihn zu meiner Freundin und dachte: „Okay, wie komme ich hier jetzt wieder raus?“

Plötzlich schrien die ganzen Leute außerhalb des Geheges: „Schnell! Beeil dich! Lauf!“ Ich drehte mich um und sah, dass die „Erdmännchen-Wache“ mich entdeckt hatte – genauso wie alle anderen Erdmännchen. Sie starrten mich an. Ich starrte zurück, die Zeit blieb kurz stehen, dann begann ich zu rennen. Ich stürzte zu der felsartigen Mauer und hoffte, dass meine Beine lang genug waren, um hochzuklettern. Ich besitze quasi keine Muskeln in meinen Armen, ich musste mich also allein auf meine Größe verlassen. Und ich schaffte es. Ich schwang mich über die Mauer, die Erdmännchen dicht hinter mir, und zog mich mit letzter Kraft auf die sichere Seite.

Ich bin kein Insekt, die Erdmännchen hätten mich sicherlich nicht gefressen, aber nagende, spitze Zähne in meinen Beinen zu spüren – auf diese Erfahrung wollte ich gern verzichten, genauso wie darauf, einem Tierpfleger erklären zu müssen, warum ich im Gehege war, und mir dann womöglich noch ein lebenslanges Besuchsverbot für diesen Zoo einzuholen.

Meine Beine schienen nachzugeben, als ich wieder bei meiner Freundin stand, das ganze Adrenalin löste sich, und ich konnte nicht fassen, was ich da gerade gemacht hatte. Ich war definitiv über mich hinausgewachsen. Ich war vielleicht auch ein bisschen töricht gewesen, aber darüber hatte ich gar nicht nachgedacht. Der Mut hatte gesiegt. Obwohl die Angst nicht völlig weg war.

Vielleicht geht es auch gar nicht darum, alle unsere Ängste loszuwerden. Vielleicht geht es vielmehr darum, Gott zu vertrauen, auch wenn wir Angst haben – und mit ihm genau über das zu reden, was uns Angst macht. Unsere Ängste zeigen uns oft die Wahrheit über uns selbst. Sie können uns die tiefsten Geheimnisse unserer Seele offenbaren. Wir können Gott fragen, was unsere Ängste über uns als Person aussagen, und sie dann in das Licht seiner heilenden Liebe bringen. Unsere Ängste zeigen uns, wie sehr wir Gott brauchen. Sie bringen uns dazu, Jesus neu zu begegnen.

Das Ziel ist also nicht, alle Ängste abzuschütteln, sondern in der Gewissheit ruhen zu können, dass wir uns an Gottes unerschütterliche Liebe anlehnen können und uns nicht von der Angst bestimmen lassen müssen. Wir vertrauen auf Jesus, darauf, dass er uns tragen wird, egal, was passiert. Und wenn unser Vertrauen wächst, schrumpft auch die Angst.

Mach dir immer wieder bewusst: Du bist eine Tochter des Königs aller Könige. Wer oder was kann dir wirklich etwas anhaben?

Lieber Gott, halte mich, wenn ich wieder Angst habe und das Gefühl bekomme, auf ganzer Linie zu versagen. Zeige mir, wie sehr du mich liebst und dass ich dir wirklich vertrauen kann. Sei mir nah, wenn die Ängste in meinem Leben wieder stark werden, und hilf mir, mich nicht von ihnen bestimmen zu lassen.

Man kann Angst haben und
trotzdem mutig durchs Leben gehen.
Du musst kein Opfer deiner Angst bleiben!

Mary:
„Ich habe Angst, welche Auswirkungen die Fehler, die wir als Eltern machen, auf unsere Kinder haben könnten. Mir hilft es, mit den Kindern in Kontakt zu bleiben und mit ihnen auch über meine Ängste zu sprechen, ohne sie damit zu überfordern. Meine Ängste, Schwächen und meine Traurigkeit dürfen sie wahrnehmen, aber keinen Zusammenbruch miterleben, damit sich meine Ängste nicht auf sie übertragen."

„Ich schaff das schon alles!"

Er schafft deinen Grenzen Frieden.
Psalm 147,14 (Lutherbibel)

Diese Woche habe ich ein wunderbares Video von Nadia Bolz-Weber gesehen. Nadia ist eine tätowierte lutherische Pfarrerin, die mittlerweile in den Medien bekannt ist für ihr mutig-freies Christsein. Sie erzählt in diesem Video, wie sie viele Jahre lang versucht hat, alles möglich zu machen. Wie sie versuchte, immer alles am Laufen zu halten und niemanden zu enttäuschen. „Du kannst alles haben!" war ihr Motto.

Fest eingeplante Auszeiten in Form von Sport und Wellness und ausreichend Schlaf, damit ihr Körper all den Belastungen auch standhalten konnte, gehörten genauso zu ihrem komplett durchstrukturierten Alltagsprogramm wie Zeit für die Familie und Zeit für ihre Karriere. Permanent war sie bestrebt, alle ihre Aufgaben und To-dos wie Bälle in der Luft zu jonglieren. Nach außen hin sah es so aus, als hätte sie alles im Griff, doch der perfekte Plan ging in der Realität nicht auf. Einer der Bälle fiel immer wieder auf den Boden. Sie hob ihn schnell auf, jonglierte weiter und machte einfach immer weiter, um das Spiel ihres Lebens irgendwie am Laufen zu halten. Niemals durfte sie damit aufhören, sonst hätte sie nicht alles haben können. Doch trotz bester Absichten blieb immer irgendetwas auf der Strecke. Und am Ende war das sie selbst.

Vielleicht kennst du das auch? Nach außen sieht es so aus, als würdest du dich wunderbar pflegen und auf dich aufpassen, als würdest du Familie und Job wunderbar vereinen können und alle Bälle in der Luft halten. Aber die Wahrheit ist: Du bist gefangen. Gefangen von Angst. Die Angst davor, was passieren könnte, wenn die Bälle herunterfallen, macht dich verrückt. Du wirst unglücklich. Hektisch. Gestresst.

Dabei kann *niemand* gleichzeitig Karriere machen, die Kinder glücklich und mit viel Zeit erziehen, den perfekten Haushalt führen, DIY-Künstlerin sein, den eigenen Hobbys und Leidenschaften nachgehen, viele Freunde *und* eine perfekte Ehe haben. Die einzige Lösung ist: Lass die Bälle fallen, die du verzweifelt versuchst in der Luft zu halten. Sei frei!

Gott sagt dir: „Du bist genug. Du bist geliebt, egal, was du tust oder nicht tust. Dein Wert liegt nicht darin begründet, was du tust oder was du schaffst. Es ist nicht wichtig, ob dein Haushalt perfekt ist, deine Wäscheberge sich stapeln oder deine Karriere eigentlich keine ist. Du musst dir meine Liebe nicht verdienen – und kannst es nicht einmal. Genieße die Freiheit, in der du als meine Königstochter leben darfst!“

Ja, diese bedingungslose Liebe macht frei. Frei von Angst. Frei von Kaufzwängen. Frei von Neid auf das Leben anderer. Frei von Leistungsdruck. Frei von falschen Ansprüchen an dich selbst. Also lass los. Niemand hat alles. Niemand hat das perfekte Leben. Niemand schafft alles auf einmal. NIEMAND. Anstatt alle Bälle gleichzeitig in der Luft halten zu wollen, konzentriere dich lieber auf ein paar wenige und frage Gott jeden Tag neu, was *gerade heute* dran ist. Bitte ihn täglich um Weisheit, was du tun und was du lassen sollst. Bitte ihn, dass er dich erkennen lässt, was du *wirklich* tun musst und was du nur *glaubst* tun zu müssen, weil andere es von dir erwarten. Ja, frage dich selbst öfter einfach mal: „Wer sagt eigentlich, dass ich das machen muss?" Bitte den Herrn der Zeiten, dass er dir hilft, Herr über deine Zeit zu werden.

Du kannst loslassen. Dein Chaos. Die Sehnsüchte deines Herzens. Deine Träume. Lass los. Lass alles fallen in die Hände deines Gottes, der dich frei machen möchte. Frei vom Zwang, alles schaffen zu müssen, alles leisten zu müssen und alles haben zu wollen.

Manchmal braucht es die folgenden Worte, um zu erkennen, dass man niemals alles auf einmal haben kann:

„Ein jegliches hat seine Zeit, und alles Vorhaben unter dem Himmel hat seine Stunde: Geboren werden hat seine Zeit, sterben hat seine Zeit; pflanzen hat seine Zeit, ausreißen, was gepflanzt ist, hat seine Zeit; töten hat seine Zeit, heilen hat seine Zeit; abbrechen hat seine Zeit, bauen hat seine Zeit; weinen hat seine Zeit, lachen hat seine Zeit; klagen hat seine Zeit, tanzen hat seine Zeit" (Prediger 3,1–4; Lutherbibel).

Das Leben kommt in Phasen und Gezeiten. Wenn ich ein kleines Kind zu Hause habe, werde ich niemals gleichzeitig Karriere machen, ein sauberes Haus, eine tolle Ehe, ein großartiges Sozialleben und einen perfekten Körper haben können, ohne irgendwann durchzudrehen – aber: Es kommt alles wieder!

Ich schreibe dieses Kapitel, während ich auch nach zwei Tassen Kaffee kaum noch meine Augen aufhalten kann. Ein Kind schläft zur Zeit schlecht und ist quengelig. Eins langweilt sich. Es müsste geputzt werden, ich sollte für mein Studium lernen, abnehmen, mehr Geld haben ... Wenn ich über all das nachdenke, zieht sich mein Herz zusammen. Doch die Wahrheit ist: Ich muss gar nichts, außer: loslassen. Es gibt jemanden, der mich frei macht. Ich muss keine Angst vor der Zukunft haben. Ich muss mich nicht messen an anderen. Ich muss mir keine Sorgen machen. Es gibt jemanden, der sich um mich sorgt und kümmert. Ich bin genug. Du bist genug.

Jesus, Vater, Gott. In all dem Trubel, in all den lauten Stimmen meines Alltags, in all meinen kläglichen Versuchen, „alles zu schaffen", lasse ich los. Ich muss nichts schaffen. Ich bin gut genug. Ich bin gut, so wie ich eben bin. Hilf mir, dass diese Wahrheit tief in mein Herz sinkt und ich sie nie wieder vergesse.

Du kannst nicht alles haben,
aber Gottes Liebe –
und das ist mehr als genug.

Isabell:
„Muttersein bringt viele Erwartungen mit sich. Erwartungen von der eigenen Familie, der Gesellschaft und ihrem vorherrschenden Rollenbild, anderen Müttern und nicht zuletzt von uns selbst. Wie will ich als Mutter sein? Man beginnt, sich mit anderen Müttern zu vergleichen. Doch das Messen an anderen und das Vergleichen ist wahnsinnig zermürbend. Ich stelle mir nur noch die Frage: Bin ich zufrieden mit mir selbst, bin ich genug? Und meine Kinder? Ich denke, für die bin ich so oder so die Größte!"

„Gott ist so weit weg“

Und ob ich schon wanderte im finstern Tal,
fürchte ich kein Unglück, denn du bist bei mir,
dein Stecken und Stab trösten mich.
Psalm 23,4 (Lutherbibel)

Januar 2008, Mitternacht. Ich sitze auf einem Stuhl beim Gynäkologen im örtlichen Kreisstadt-Krankenhaus. Mein Mann musste draußen bleiben. Ich wünschte, er wäre jetzt neben mir und würde meine Hand halten, während der Frauenarzt mit der einen Hand prüfend das Ultraschallgerät auf meinen Bauch hält und mit der anderen den Bildschirm zu mir dreht, damit ich besser sehen kann. Aber was sollte ich sehen? Es gab nichts mehr zu sehen. Keinen Herzschlag. Keine schwarze Fruchthülle. Keine klitzekleine Nabelschnur. Nichts. Nur Gewebe.

„Es tut mir leid, Ihr Embryo ist nicht mehr da. Wir würden Sie jetzt erst mal über Nacht hierbehalten und morgen früh dann gegebenenfalls eine Ausschabung vornehmen.“ Ich wette, er ist noch nicht lange Arzt, so unemotional und pragmatisch, wie er mir das vorträgt, während in meinen Augen die Tränen glitzern.

So habe ich mir das nicht vorgestellt. Nein, mitten im

Studium hatten wir kein Kind geplant, aber es zu verlieren, hatten wir erst recht nicht geplant.

Dreißig Minuten später liege ich mit Schmerzmitteln im Krankenhausbett. Ich habe Angst. Urplötzlich befinde ich mich in einem finsteren Tal meines Lebens. Sechs Stunden vorher haben mein Mann und ich noch gemütlich auf unserem einfachen, kleinen Studentensofa gesessen und einen Film geschaut. Und nun liege ich blutend und mit vorzeitigen Wehen in einem Krankenhausbett und habe mein Baby verloren.

Der Schmerz ist groß. Das Gefühl völliger Einsamkeit riesig. Ich halte mich daran fest, dass Gott mit mir durch dieses Tal gehen wird. Schließlich ist es uns nie versprochen worden, dass uns niemals schlimme Dinge zustoßen werden. Kein Mensch wird, ohne jemals eine schwere Zeit durchlebt zu haben und mit den Taschen voll Gold, ins Himmelreich kommen. Doch das, woran sich schon König David zu Urzeiten festgeklammert hat, bete auch ich in dieser Nacht, in der mir selbst die Worte fehlen:

„Und ob ich schon wanderte im finstern Tal, fürchte ich kein Unglück. Denn du bist bei mir. Dein Stecken und Stab trösten mich“ (Psalm 23,4; Lutherbibel). Wie eine warme Decke umgeben mich diese Worte. Und in mir wächst der feste Wunsch, zu vertrauen, dass ich nicht allein bin.

Gott fühlt sich manchmal unendlich weit weg an. Nicht nur, wenn wir unsere ganze kaputte Welt anschauen, wenn wir über den Holocaust nachdenken, von den verhungerten Kindern in Jemen oder einem weiteren vergewaltigten und ermordeten Kind in der nächsten Großstadt hören. Wo ist da Gott? Zweifel machen sich in uns breit, und leichte Antworten gibt es auf diese Frage einfach nicht. Leid geschieht. Wir leben in einer kaputten, korrupten, kapitalistischen Welt. Wir verstehen es nicht. Wir klagen Gott an. Und ja, vielleicht fühlt er sich in solchen Momenten tatsächlich unendlich weit weg an, aber er ist es nicht.

Gott verspricht uns eine bessere Welt, aber nicht im Hier und Jetzt, sondern erst im Jenseits. Dennoch ist Gottes Reich in vielen kleinen Momenten jetzt schon erfahrbar und sichtbar, aber eben noch nicht vollkommen. Es wird sichtbar im glucksenden Lachen eines Babys, in der helfenden Hand einer lieben Nachbarin, in der hingebungsvollen Liebe einer Mutter. Es zeigt sich im Mitgefühl der Leiterin einer Suppenküche, in den wertvollen Angeboten der Kindernothilfe. Es zeigt sich im Alltag in den unendlichen Wäschebergen, die wir immer und immer wieder waschen und trocknen müssen, aber die auch ein Zeugnis unseres bunten Familienlebens sind. Es zeigt sich in der köchelnden, duftenden Hühnersuppe, im wundersamen Wechsel der Jahreszeiten und in der reichen Erdbeerernte, die wir mit unseren Kindern zusammen vernaschen.

Gott ist gar nicht so weit weg, wie wir glauben. Wenn wir nur anfangen würden, die Augen zu öffnen, würden wir sehen: Er ist nah – immer wenn wir uns erlauben zu glauben.

Gott ist da. Selbst wenn wir ihn nicht sehen, wenn er weit weg scheint und unser Leben sich anfühlt, als würden wir niemals wieder aus dem dunklen Tal herauskommen.

Und Gott ist auch dann da, wenn wir keine Zeit für ihn haben. Vielleicht hast du dir früher mehr Zeit für dein

Glaubensleben genommen, deine Gottesbeziehung war eng und vertraut, und plötzlich stellst du fest, dass du vor lauter Familienalltag irgendwie total den Draht zu ihm verloren hast. Aber weißt du was? Das ist völlig okay. Gott ist trotzdem da. Mitten im Alltag. Bei den Kindern. Auf der Arbeit. Im Auto.

Ich spreche den ganzen Tag über mit ihm, nebenbei. Und das ist okay. Es ist nur eine Phase. Nicht für immer bleibt das so. Irgendwann werde ich wieder die Zeit und die Ruhe zum ausgiebigen Bibellesen und Beten haben – auch wenn gerade noch nicht mal an „stille Zeit" zu denken ist.

Mach dich frei von dem Druck, die Zeit mit Gott immer nach demselben Schema gestalten zu müssen. Vielleicht kannst du dir statt festen „stillen Zeiten" zwischendurch bei Haushaltserledigungen oder Spaziergängen einfach mal eine Predigt als Podcast anhören. Oder wenn du gerade gar keine Nerven für einen längeren Input hast, geh doch einfach mal mit der Frage durch den Tag: „Was kann ich heute von meinen Kindern über dich lernen, Gott? Was meinst du wohl damit, wenn du sagst: ‚Werdet wie die Kinder'? Und was kann ich über deine Vaterliebe lernen, wenn ich über die Liebe zu meinen eigenen Kindern nachdenke?"

Es gibt viele Wege, Gott im Alltag zu erfahren, aber eines weiß ich gewiss: Egal, was ich tue, er ist immer da. Gott war auch im Jahr 2008 mit mir in diesem Krankenhaus. Seine Liebe und sein Trost umhüllten mich. Er nahm mir nicht die Trauer und den Schmerz, aber ich fühlte mich nicht mehr allein. Seine Liebe war unerschütterlich da. Und sie ist es noch immer. Mitten in meinem chaotischen Alltag.

Lieber Gott, ich fühle nicht immer, dass du mir nah bist. Aber ich will vertrauen, dass du trotzdem da bist und es dir nicht egal ist, wie es mir geht. Ich bitte dich, hilf mir, dich zu sehen. Hilf mir, auch in dieser anstrengenden Zeit Wege zu finden, dir zu begegnen.

Gott ist dir immer näher,
als jeder Mensch es je sein könnte.

Hanna:
„Seit ich Kinder habe, bin ich undisziplinierter, was meine persönliche Zeit mit Gott angeht. Früher habe ich jeden Tag Bibel gelesen, das schaffe ich nun oft nicht mehr. Meine Beziehung zu Gott ist im Wandel, als Mutter in der Kleinkindphase muss ich meine eigenen Bedürfnisse hintenanstellen und da kommt diese Beziehung eben auch zu kurz. Ich weiß aber, dass sich das wieder ändern wird – und dass ich trotzdem von Jesus geliebt bin."

„Ich schaffe es nie, einfach glücklich zu sein"

„Kommt zu mir, ihr alle, die ihr euch plagt und von eurer Last fast erdrückt werdet; ich werde sie euch abnehmen. Nehmt mein Joch auf euch und lernt von mir, denn ich bin gütig und von Herzen demütig. So werdet ihr Ruhe finden für eure Seele."
Matthäus 11, 28–29 (Neue Genfer Übersetzung)

Glück ist ein sehr abstrakter Begriff, denn für jeden von uns bedeutet Glück etwas anderes. Während sich die einen sehnlichst wünschen, einfach wieder einen stinknormalen Alltag erleben zu dürfen, wenn ein geliebter Familienangehöriger gerade im Krankenhaus liegt, wünschen sich die anderen, endlich die ersehnten, abenteuerlichen Fernreisen machen zu können und dem grauen Alltag zu entfliehen. Wir suchen Erfüllung, etwas, das unser Herz tanzen und uns fühlen lässt, dass wir „angekommen" sind.

Während ich dieses Kapitel schreibe, sitze ich in einer Leipziger Biobäckerei. Unsere mittlere Tochter hat währenddessen Ballettunterricht. Das Café, in dem ich normalerweise die Zeit überbrücke, musste schließen, und ich kann nur erahnen, wie traurig das vor allem für die

Inhaberinnen sein muss, mit denen ich mich jedes Mal so nett unterhalten habe.

Heute schreibe ich also an einem ziemlich wackligen Tisch, der definitiv nicht dafür gemacht ist, dass man an ihm arbeitet. Draußen regnet es, ich habe meinen dicken Pullover vergessen und ich friere. Aber: Ich bin glücklich. Unsagbar glücklich. Ich habe in den vergangenen Jahren gelernt, jeden Moment wertzuschätzen. Ich bin dankbar für mein Leben, für alles Gute und alles „Nicht-ganz-so-Gute". Und diese Dankbarkeit macht mich glücklich. Vielleicht ist Dankbarkeit tatsächlich das Geheimnis wahren Glücks und wahrer Zufriedenheit?

Das Leben ist nicht immer leicht und schön, das wissen wir alle. Unschöne Dinge passieren. Träume zerplatzen. Schöne Cafés schließen und finanzielle Risiken entpuppen sich später als wahres Fiasko. Wenn wir also nur glücklich sind, wenn das Leben gerade leicht ist, was machen wir dann in all den Zeiten, in denen das Leben alles andere als rosarot ist?

Leidvolle Erfahrungen lassen sich nicht vermeiden im Leben. Manchmal geraten wir vielleicht sogar in schwere Zeiten, weil wir uns selbst falsch verhalten haben. Weil wir etwas getan haben, obwohl das Risiko zu groß war, weil wir jemanden verletzt haben, sei es auch nur aufgrund unserer eigenen Unzulänglichkeit, oder weil die Entscheidung, die wir getroffen haben, schlichtweg falsch war.

Manches lässt sich wieder korrigieren, mit manchem müssen wir leben. An dieser Stelle ist es wichtig, zu lernen, sich selbst zu vergeben, auch wenn sich das manchmal unsagbar schwer anfühlt. Vielleicht hilft der Gedanke:

„Wenn Gott mir alles vergibt, wer bin ich dann, dass ich mein Urteil über seines stellen kann beziehungsweise meine Selbstverurteilung über seine Gnade?“

Und vielleicht kann es wirklich einen Weg geben, glücklich zu sein, auch wenn um uns herum Not, Ungerechtigkeit und Unfrieden toben? Da stellt sich mir wieder einmal die Frage, woraus wir unseren Wert ziehen und was unser Glück ausmacht. Und die Frage danach, was unserem Leben Bedeutung gibt.

Ich könnte jetzt ganz fromm antworten, dass nur Gott allein deinem Leben Bedeutung geben kann. Dass nur Jesus allein die konstante, unverrückbare Komponente im Leben ist, die wahrhaft glücklich machen kann. Aber stimmt das denn? Was ist, wenn ein Kind stirbt und wir Gott vor lauter Verzweiflung nur noch anschreien möchten ob der offensichtlichen Ungerechtigkeit? Was, wenn wir mit der Frage hadern, ob die liebenswerte muslimische Familie im Kriegsgebiet nicht in den Himmel kommt, weil ihr Haus von Raketen bombardiert wurde und sie sterben musste – ohne die Möglichkeit gehabt zu haben, Jesus und seine Liebe kennenzulernen. Was, wenn wir manchmal alles infrage stellen und uns nur noch an den allerletzten Strohhalm unseres Glaubens klammern, der uns übrig geblieben ist: unsere Hoffnung?

Ist unser Glaube dann noch so unverrückbar, dass wir guten Gewissens behaupten können, nur durch Gott glücklich sein zu können?

Wenn der Alltag um uns herum tobt, wenn es viel zu viel zu organisieren gibt und wir nur noch damit beschäftigt sind, unser Hamsterrad weiterzubewegen, wenn der Stresspegel ständig steigt und wir eigentlich dringend mal auf Kur fahren müssten, um unser Pensum weiter stemmen zu können, und unser größtes „Glück“ schon ist, wenn wir es abends schaffen, nicht direkt mit den Kindern einzuschlafen, dann erscheint wahres Glück manchmal fern. Was also verschafft uns dieses Glück, nach dem wir uns so sehr sehnen?

Eins steht fest, auch wenn Gott allein uns nicht immer „glücklich macht“, kann der Glaube dennoch viel zu unserem Glück beitragen. Glaube und Hoffnung sind eng miteinander verbunden und echte buchstäbliche „Glücksbringer“. Hoffnung bringt Glauben und Glaube schafft Hoffnung. Hoffnung, dass meine Träume sich noch erfüllen. Hoffnung, dass wir gesund alt werden. Hoffnung, dass wir bei der Erziehung unserer Kinder doch viel richtig machen. Hoffnung, dass wir immer neuen Grund zum Lachen finden werden. Hoffnung, dass der unordentliche Zustand, in dem sich unsere Wohnung befindet, nicht für immer anhalten wird. Hoffnung, dass unsere Partnerschaft wieder schön wird, falls wir gerade durch eine schwere Phase gehen. Hoffnung, dass wir beruflich eine gute Perspektive haben. Hoffnung auf eine gute Zukunft.

Hoffnung ist immer auf die Zukunft ausgerichtet. Und sie bringt tiefes Glück mit sich. Wir sind glücklich, wenn wir darauf hoffen, dass die Zukunft richtig gut werden wird. Und zu dieser Hoffnung können wir uns entscheiden. Jeden Tag neu.

Und ja, wir sind unseren Emotionen nicht hilflos ausgeliefert, sondern können unsere Gedanken und damit auch unsere Gefühle beeinflussen. Wie ich schon einmal erwähnte, können wir unsere Gedanken steuern. Wir können also dafür sorgen, dass sich das Negative in unseren Gedanken legt und wir zufriedener werden.

Und Zufriedenheit wird geschaffen durch Dankbarkeit. Dankbar können wir für alles Mögliche sein. Dafür, dass wir zwei gesunde Beine haben. Dafür, dass wir Augen haben, mit denen wir die Schönheit dieser Welt sehen können. Dankbar können wir für unsere Wohnung sein. Für unsere Kinder. Für guten Kaffee. Dafür, dass wir leben und atmen. Und für jeden neuen Tag. Dankbarkeit funktioniert im Kleinen und im Großen.

Ich bin zum Beispiel unendlich dankbar, dass ich tatsächlich meine Leidenschaft zum Beruf machen konnte und für viele Projekte schreiben und damit Geld verdienen darf. Das hätte ich mir niemals erträumen lassen! Und es macht mich zufrieden.

Für welche großen und kleinen Dinge bist du dankbar? Halte bewusst nach ihnen Ausschau und du wirst zufriedener, ruhiger, hoffnungsvoller – und glücklicher. Versprochen!

Guter Gott, ich sehne mich danach, glücklich zu sein. Ich wünsche mir, dass mein Herz juchzen kann vor Freude, dass ich morgens gern aufstehe und spüre, dass ich zufrieden mit meinem Leben bin. Hilf mir, dankbarer zu werden – im Großen wie im Kleinen –, und hilf mir, herauszufinden, was ich ändern muss, um zu Frieden und innerem Glück zu gelangen.

Dankbarkeit ist der Schlüssel zum Glück,
den jeder finden kann!

Miriam:
„Ohne Familienplaner wäre mein Alltag chaotisch. Mein Leben ist voll mit Terminen und langen To-do-Listen. Aber ich habe gelernt, es genau so anzunehmen. Ich mache mir in all der Hektik zwischendurch immer wieder bewusst, dass ich mich bei Jesus ausruhen und Kraft tanken kann. Was auch immer kommen mag, ich nehme es an, weil ich weiß, dass Gott mich halten wird."

„Ich will nicht immer erwachsen sein müssen"

„Wir sind seine Kinder."
Apostelgeschichte 17,28

„Mama! Mamaaaaa! Mamaaaaaaa!" Es gibt diese Momente, ich gebe es ehrlich zu, da tue ich so, als würde ich meine Kinder nicht hören. Da müssen sie mich dreimal rufen oder aber mein Mann rührt sich schneller als ich, steht auf und ich kann noch etwas länger im warmen Bett unter meiner Decke liegen bleiben. Manchmal möchte ich nicht 1000-mal am Tag „Mama" sein, Streit schlichten, Gefühle abfedern und ständig im „Kümmer-Modus" stecken. Manchmal möchte ich gern abends die Zeit vergessen und mit meiner Freundin bis frühmorgens zusammensitzen, ohne zu wissen, dass um 7 Uhr wieder ein kleines, süßes Mädchen neben unserem Bett steht. Manchmal wünsche ich mir, einfach spontan mit meinem Mann ins Auto zu steigen und ein Wochenende wegzufahren.

Ich spüre die Last der Verantwortung sehr deutlich. Sie trägt sich an einigen Tagen leicht, an anderen schwerer. Es gibt Momente, da möchte ich niemals ohne meine Kinder sein, da gehe ich voll in meiner Mamarolle auf, da fühle ich mich stark, glücklich, voller Energie. Da geht mir das Leben leicht von der Hand. Da spüre ich Rückenwind, springe durch meinen Alltag, koche gesund, mache Sport und fühle mich gut. Dann gibt es Tage, da bin ich grantig, zickig und unausstehlich. Je nach Zyklus brauche ich vielleicht auch mehr Schokolade, mehr Sport und mehr Ruhe. Aber Ruhe ist eben nur bedingt möglich. Und Ruhe vor der Verantwortung habe ich nie.

Überhaupt, dieses ewige Kümmern und Versorgen. Alles andere muss immer schnell und nebenbei gemacht werden. Der Lärmpegel ist hoch, die Anforderungen noch höher. Wenn man sich dann noch überlegt, was man seinen Kindern an Werten mitgeben möchte, wie der Alltag eigentlich aussehen sollte, wie man sie fördern will und was man dafür arbeiten müsste, wird die Belastung gleich noch höher.

Die vielen Fragen, was das Beste für sie ist, wie man sie erziehen soll, damit sie später gute, tolle und soziale Menschen werden, die ebenfalls Verantwortung tragen können. Oder wie man sie überhaupt noch „erziehen" soll, wenn das Wort „Erziehung" eigentlich gar nicht mehr angesagt ist, weil wir bindungsorientiert leben, auf Augenhöhe sprechen und nur Grenzen ziehen, anstatt Konsequenzen androhen sollen und wollen.

Das ganze „sollte", „müsste" und das beständige Bewusstsein „Eigentlich müssten wir achtsamer leben, langsamer und ruhiger, und eigentlich müssen wir aber noch dieses und jenes schnell erledigen" macht mich ehrlich gesagt verrückt. Es ist ein ständiges Reflektieren und Hinterfragen – nur, um am Ende festzustellen, dass man es eh nicht perfekt machen kann.

Vor einigen Jahren habe ich eine Frau interviewt, die sich auf christliches Yoga spezialisiert hat. Davon kann man halten, was man will, darum soll es hier auch gar nicht gehen. Ich sollte sie bei sich zu Hause besuchen. Natürlich kam ich viel zu spät. Auf der einen Seite, weil ich mal wieder viel zu viele Termine hatte, auf der anderen Seite, weil mich mein Orientierungssinn wieder einmal schmählich im Stich gelassen hat.

Ich kam also ziemlich gestresst und abgehetzt bei ihr an, und sie machte mir mit unendlich viel Ruhe die Tür auf. Wahrscheinlich hatte sie morgens schon meditiert, Yoga gemacht, aufgeräumt und Bibel gelesen. Sie hatte Zeit. Ich habe nie Zeit. Laut, wie ich bin, kam ich also in ihre meditative Wohnung gestolpert, musste schnell Fotos machen, schnell ein Interview führen und schnell wieder los, weil ich eines der Kinder schnell abholen musste.

Ja, ich habe mir mein Leben so ausgesucht. Ja, ich will auch so leben. Und mich nervt, dass ich ein schlechtes Gewissen habe, weil ich denke, ich müsste ruhiger, achtsamer, entspannter leben. Mehr schlafen. Weniger Dinge gleichzeitig machen. Weniger arbeiten. Weniger Möbel lackieren. Weniger Ideen haben. Was, wenn ich das gar nicht will? Was aber, wenn ich trotzdem manchmal das Gefühl habe, dass ich alle Verantwortung einfach mal abgeben will, um endlich mal wieder frei zu sein und mir all diese Gedanken gar nicht machen zu müssen? Was, wenn ich einfach nur mal loslassen will, ruhig werden und mal nichts mehr müssen will?

Ich bin mir sicher, dass die wunderbare Yogi-Frau, die ich besucht habe, mir kein schlechtes Gewissen machen wollte. Vielleicht hat sie sogar etwas verstanden, was ich bis dato noch gar nicht sehen konnte: Sie konnte sich fallen lassen. Alles Müssen und Sollen ablegen und abgeben. Sie zeigte mir einen Altar in ihrem Yoga-Zimmer, an dem sie vor einem Kreuz immer betet und ihre Sorgen ganz bewusst bei Jesus ablegt.

Ich bin ehrlich: Ich werde keine Zeit haben, um jeden Tag dreißig Minuten Yoga zu machen und zu meditieren, selbst wenn mir das mit Sicherheit guttun würde. Was ich aber machen kann, ist, mir einen Altar in meinen Gedanken zu bauen. Einen Ort, zu dem ich flüchten kann, wenn mir wieder alles zu viel wird und ich den ganzen Alltagslärm nicht abschütteln kann. Wenn ich mal wieder mein inneres Kind fühlen und mich daran erinnern möchte, dass ich einfach „sein" kann. Dann schließe ich meine Augen und verkrieche mich vor diesen Altar und blicke auf zu meinem liebenden himmlischen Vater. Dort atme ich tief ein und aus und spreche meine Sorgen aus. Dort kann ich meine Alltagslast abgeben und selbst wieder Kind sein.

Vater im Himmel, du weißt, manchmal würde ich meine ganze Verantwortung gern irgendwo abladen. Manchmal ist sie mir zu viel, manchmal wäre ich gern wieder unbeschwert und frei. Ich möchte lernen, dass ich bei dir alles loslassen kann. Bei dir kann ich selbst Kind sein und dir meine Last geben. Danke dafür.

Du bist Gottes geliebtes Kind.

Ricarda:
„Das ständige Präsentsein nervt mich, das ständige Dasein und Verfügbarsein, selbst wenn ich auf der Toilette sitze. Ich muss immer souverän bleiben und immer eine Lösung parat haben, auch wenn ich die gar nicht wirklich habe. Manchmal wünschte ich mir dann, ich wäre Superwoman und wüsste und könnte alles. Ich dachte immer, man fühlt sich irgendwann erwachsen und kann mit dieser permanenten Verantwortung super umgehen, aber ich fühle mich überhaupt nicht so. Manchmal würde ich die Verantwortung gern abgeben, wenn auch nur mal für ein Wochenende."

„Ich mache dieselben Fehler wie meine eigenen Eltern“

Seid vielmehr freundlich und barmherzig und vergebt einander, so wie Gott euch durch Jesus Christus vergeben hat. *Epheser 4,32*

Mein Mann ist einer dieser Menschen, die sehr gesund aufgewachsen sind. Seine Eltern sind mit Sicherheit keine Übermenschen, aber sie haben es geschafft, ihre eigenen Fehler und Probleme so gut und ehrlich zu artikulieren, dass kein Platz blieb für böse Überraschungen. Er hat viel Liebe bekommen, war immer gut versorgt und wusste, dass seine Eltern immer für ihn da waren, wenn er Hilfe brauchte. Die Mischung aus sehr gutem Essen, liebevoller Konsequenz, tiefen, philosophischen Gesprächen und viel Sport machten seine Kindheit unvergessen schön.

Aufgrund dieser sehr guten Ausgangsposition ist er kein Mensch, der noch viel aufarbeiten muss, der alte Traumata mit sich herumträgt oder sich permanent selbst reflektieren muss. Alles, was es in seiner Seele zu bearbeiten gab, hat er in seinen Zwanzigern „beackert“ und ist dann mit Kraft und innerem Frieden, ausgeglichen und stark in die Beziehung mit mir gestartet.

Ich war das genaue Gegenteil. Ich startete mit wundem Herzen, sehr naiv, sehr unreflektiert, aber voller Energie. Ich habe die ersten Jahre fast nur geheult. Er stand da wie ein Fels in der Brandung und hielt mich. Ich brauchte ein paar Jahre länger, bis ich meine Kindheit aufgearbeitet und reflektiert hatte, und noch mal zwei Jahre, bis ich auch Frieden damit schließen konnte. Ich konnte meine blinden Flecken und wunden Punkte erst entdecken, als ich bereit dazu war. Als hätte Gott mir die Augen geöffnet.

Diese tiefe Angst, dieselben Fehler zu machen wie meine Eltern, führte dazu, dass ich genau das Gegenteil machte, und das in so einer Intensität, dass ich quasi „von der anderen Seite vom Pferd fiel", wie man so schön sagt. Ich war noch warmherziger, noch überschwänglicher und noch großzügiger, damit ich auf gar keinen Fall eine kühle und strenge Mama war. Gleichzeitig übersah ich dadurch all das Schöne, was mir meine Eltern mitgegeben hatten, und eben auch die schwarzen Flecken meines eigenen verletzten Herzens.

Das Gute ist: Wir sind unserer Vergangenheit nicht hilflos ausgeliefert. Unsere Kindheit kann immer eine Erklärung, aber weniger eine Entschuldigung sein. Wir können unsere Traumata, unsere Verletzungen benennen, bearbeiten und dann über mögliche Konsequenzen für unser eigenes Leben frei entscheiden. Unsere Vergangenheit beeinflusst uns, aber sie bestimmt nicht unsere Zukunft. Wir müssen dort nicht stehen bleiben, sondern dürfen den nächsten Schritt gehen in eine befreite Zukunft, um anders leben zu können.

Einer dieser Schritte kann sein, dass wir unser inneres

Kind behutsam in den Arm nehmen und es trösten. Ja, wir dürfen trauern. Und danach lernen, dass wir nicht mehr dieses verletzte Kind sind, sondern als Erwachsene reife Entscheidungen treffen können. Wir müssen nicht dieselben Fehler machen wie unsere Eltern und in der Spirale an Schuldzuweisung und Kränkung stecken bleiben.

Mir persönlich hat sehr geholfen, mir eine Liste an positiven Glaubenssätzen und Werten zu schreiben, die ich leben und meinen Kindern mitgeben möchte. Manchmal schaffe ich es nicht, diese immer authentisch zu vermitteln, und ich fühle wieder nur das innere, verletzte Kind in mir und verfalle in alte, ungute Verhaltensmuster. Aber ich komme aus diesen Mustern wieder heraus, wenn ich sie mir in solchen Situationen bewusst mache und mir vor Augen führe, wie ich eben *nicht* handeln möchte.

Normalerweise, wenn ich kritisiert und verletzt werde, richte ich sofort eine Mauer um mein Herz auf, fahre alle Schutzstacheln aus und fange an, mich zu wehren. Lautstark. Inzwischen bemühe ich mich aber, dieses falsche Muster zu durchbrechen. Wenn ich mich also verletzt fühle, nehme ich mein inneres Kind gedanklich an die Hand und sage ihm: „Ja, ich weiß, das tat weh, aber wir sind jetzt erwachsen und werden uns deshalb nicht verschließen, sondern ich werde deine Bedürfnisse adäquat artikulieren. Wir schaffen das."

Das kostet mich Kraft, vor allem dann, wenn mein Gegenüber um diesen inneren Kampf nicht weiß und unbewusst weiter in dieselbe Kerbe schlägt. Aber ich lerne dadurch jedes Mal, dass ich meiner Kindheit und meinen Verletzungen nicht hilflos ausgeliefert bin, sondern gute Wege finden kann, mit meiner Vergangenheit zu arbeiten.

Denn, und das ist wichtig: Wir sind gut, so wie wir sind. Mit unseren Kindheitserfahrungen, mit den Eltern, die wir eben haben, und mit allem, was wir als Erwachsene schon erlebt haben. Wir sind wunderbare Menschen und geliebt von Gott.

Irgendwann in diesem Prozess der Aufarbeitung kommen wir an einen wichtigen, unausweichlichen Punkt. Die einzige Lösung, um wirklich frei zu werden, lautet dann Vergebung. „Schon tausendmal gehört!“, rufen die einen. Die anderen sagen: „Was? Das kann ich nicht!“ Aber tatsächlich können wir unsere Vergangenheit ohne wahre Vergebung nicht hinter uns lassen.

Vergebung ist oftmals ein Prozess, und am Anfang dieses Prozesses steht die Entscheidung, diesen Schritt zu wagen. Dazu muss man sich nicht so fühlen, als wenn Vergebung leicht möglich wäre.

Menschen, die an uns schuldig geworden sind, bewusst oder unbewusst, brauchen unsere Vergebung, aber vor allem brauchen auch wir selbst diesen Schritt, damit unser Herz frei werden kann. Es liegt ein tiefes Geheimnis darin: Zu vergeben heißt, die Vergangenheit abzuschließen. Es heißt nicht, dass man keine anderen Konsequenzen für die eigene, wunde Seele ziehen kann, aber es bedeutet, dass man sich selbst frei macht.

Als ich bewusst die Entscheidung getroffen hatte, meinen Eltern zu vergeben, begann ein jahrelanger Heilungsprozess. Erst viele Jahre später konnte ich spüren, wie die Vergebung tatsächlich in meinem Herzen angekommen war und tiefer Frieden einkehrte.

Wir alle werden irgendwann an jemandem schuldig,

machen Fehler und bedürfen Vergebung. Auch ich mache Fehler bei meinen Kindern und hoffe inständig, dass sie später, wenn sie selbst erwachsen sind, mir verzeihen können. Ich bitte um Vergebung und lasse sie selbst meinen Mitmenschen, und insbesondere meinen Eltern zukommen. Und auch mir selbst.

Jesus, du kennst meine blinden Flecken. All die Verletzungen und meine tiefe Sehnsucht, „es besser machen zu wollen". Gleichzeitig siehst du auch mein permanentes Hadern und Versagen aufgrund meiner eigenen Unzulänglichkeit. Hilf mir, frei zu werden, Vergebung zu leben und heil zu werden. Sei du derjenige, der stark ist in meiner Schwachheit.

Du bist ein eigener Mensch
mit einer Vergangenheit, die deine Zukunft
nicht negativ beeinflussen muss.

Nici:
„Ich wurde in eine hart arbeitende Arztfamilie hineingeboren. Meine Mutter lehnte mich leider ab, sie konnte mich aufgrund ihrer eigenen Kindheitsprägung nicht so lieben, wie es richtig gewesen wäre. Meiner Mutter zu vergeben, war der Anfang eines Heilungsprozesses.

Durch eine schwere Krankheit im vergangenen Jahr durfte ich außerdem lernen, schwach zu sein. Ich musste lernen, das Bild von mir selbst loszulassen, dass ich stark sein und immer etwas leisten muss. Einige Dinge mache ich nun bewusst anders, andere Eigenschaften, wie Zielstrebigkeit, Organisationtalent, Strukturiertheit und Gartenliebe, habe ich bewusst und gern an meine Mädchen weitergegeben. Ich liebe meine Töchter und finde, dass sie großartige Menschen sind."

„Ich bin eine komplette Versagerin"

„So viel bist du mir wert, dass ich Menschen und ganze Völker aufgebe, um dein Leben zu bewahren. Diesen hohen Preis bezahle ich, weil ich dich liebe." *Jesaja 43,4*

Die eigentliche Antwort zuerst: Niemand ist in gar nichts gut. Jeder kann irgendetwas und ist kein kompletter Versager, auch wenn sich das manchmal so anfühlen mag. Die Frage lautet eher: Warum fühlen wir uns so schnell so, als würden wir auf ganzer Linie versagen? Warum sind wir so unglaublich hart zu uns selbst?

Unsere Gesellschaft ist geprägt von permanenten Selbstoptimierungsmaßnahmen in Sachen Selbstorganisation und Selbstführung. Bis zu einem gewissen Grad ist das auch gut, denn in einer Zeit, in der alles möglich ist, kann man schnell den Überblick verlieren. Aber aus einer guten Selbstorganisation wird schnell der Druck, noch mehr und noch besser sein zu müssen.

Wir lesen Bücher, hören Podcasts und schauen uns Videos über tolle Menschen an, die noch bessere Sachen zu sagen haben und allgemein alles scheinbar besser machen als wir. Natürlich macht sich da irgendwann wieder dieser kleine Neidstachel bemerkbar. Aber neben dem Neid kriecht noch ein anderes Gefühl in uns hoch: ein riesiges Versagensgefühl, meistens dicht gefolgt von einem lähmenden Selbstmitleidsgefühl.

Plötzlich sehen wir nicht mehr, was wir selbst schon alles Großartiges den ganzen Tag über geleistet haben. Wir vergessen, uns auch mal selbst auf die Schulter zu klopfen und uns selbst zu feiern für all diese vielen kleinen Dinge, die wir in unserem Alltag ganz unbemerkt meistern. Und zwar jeden Tag aufs Neue. Wir fühlen uns, als würden wir in *allem* versagen, dabei versagen wir – wenn überhaupt – lediglich darin, eine Perfektion nachzuahmen, die es de facto gar nicht gibt.

Anstatt ständig auf uns selbst herumzuhacken, könnten wir uns doch im selben Maße einmal für all das loben, was gut läuft, oder? Und wenn dir das zu selbstverliebt vorkommt, dann stell dir doch einfach mal vor, Jesus würde mit dir durch deinen Alltag gehen und dich immer wieder loben. Was würde er wohl sagen?

Leo Bigger, ein bekannter Pastor aus der Schweiz, sagte einmal: „Lasse nicht zu, dass du deinen Fehlern in deinem Leben mehr Gewicht gibst als dem Wert, den du in Gott hast." Und das ist zutiefst wahr. Hören wir nicht mehr auf die Stimme der Anklage und des Perfektionswahns, sondern auf die Stimme unseres liebenden Gottes, der sagt: „Du machst das gut!"

Im vergangenen Sommer saß meine große Tochter auf der Holzveranda unseres Ferienhauses in Dänemark. Das ist deshalb erwähnenswert, weil für mich einsam in den Dünen gelegene, skandinavische Ferienhäuser mit Holzveranda zu den großartigsten Dingen dieser Welt zählen. Wenn dann noch meine schöne, langhaarige Tochter auf so einer Veranda sitzt, dann wird dieser Moment zu einem der besten meines Lebens.

Als ich meine Tochter also so beobachtete, wie sie still die Aussicht auf die Dünen genoss, während ihr der Nordseewind durch die hellblonden Haare wehte und im Hintergrund das Meer rauschte, durchzuckte mich plötzlich der Gedanke: „Unfassbar, ich habe sie so groß bekommen! Sie lebt noch! Sie hat Essen, sie hat Kleidung, sie hat Spielzeug in Massen, ein Kinderzimmer, Freunde und eine halbwegs gesunde emotionale Basis. Sie ist gut geraten, dabei noch gut erzogen und voller wunderbarer Eigenschaften und Begabungen."

Ich erlebte einen unvergesslichen Moment, der sich tief in mein Herz eingebrannte. Es war einer dieser kostbaren Momente, in denen ich ganz deutlich sehen und glauben konnte: Ich bin keine komplette Versagerin!

Ich weiß noch genau, wie ich nach der Geburt mit meiner Tochter auf dem Arm aus dem Krankenhaus entlassen wurde und voller Unsicherheit dachte: „Mist, die können mich doch nicht einfach mit dem Baby allein lassen!" Ich hatte keine Ahnung, was ich mit diesem kleinen Bündel nun 24 Stunden lang anfangen sollte. Die Erkenntnis, dass ich nun für den Rest meines Lebens Mama bleiben sollte, war überwältigend beängstigend.

Meine große kleine Tochter nun so zu sehen, als Fast-Teenager, gesund, glücklich, war für mich ein Moment tiefsten Glücks. Ich hatte es geschafft. *Wir* hatten es geschafft.

Bestimmt lief unterwegs nicht alles perfekt. Das tut es bei keiner Mama (und auch sonst bei keinem Menschen). Wir machen alle Fehler. So gesehen sind wir alle „Versager“. Schwache Menschen, die Vergebung brauchen und sich ständig selbst vergeben müssen. Schwache Menschen, die unendlich geliebt, wertvoll und begnadigt sind. Mamas, Frauen, Königstöchter.

Guter Gott, danke, dass dein Blick auf mich ein anderer ist als der ungnädige, den ich selbst so oft auf mich habe. Hilf mir zu lernen, mich selbst anzunehmen und zu lieben, so wie ich bin. Hilf mir zu sehen, was ich schon alles erreicht habe in meinem Leben. Hilf mir, meinen Wert in dir und in mir selbst zu finden und mich so zu sehen, wie du mich siehst – als deine geliebte Königstochter.

Du versagst höchstens im Perfektsein.
Im Einfach-du-Sein kannst du niemals versagen.

Judith:
„Ich arbeite mit meinem Mann als Fotografin, und als wir Kinder bekommen haben, wurden wir, was unseren beruflichen Erfolg betrifft, abgehängt. Ich habe oft sehr hohe und unrealistische Ziele, und es frustriert mich, wenn ich sie nicht erreiche. Ich bin Theologin, Erzieherin, Fotografin und ehemalige Pastorin. Aber vor allem will ich gern Mama sein und darauf haben wir bewusst unsere Priorität gesetzt. Durch ein Coaching wurde mir klar, dass diese besondere Familienzeit irgendwann wieder vorbei ist und ich sie bewusst schätzen sollte. Ich bin eine gute Mama, nicht perfekt, aber wirklich gut, und ich genieße das total. Ich wollte immer Mama sein, das ist wirklich ein Wunder für mich. Ich fühle mich geliebt, auch wenn ich versage."

Nachwort einer Mama, Frau und Königstochter: Meine Reise zu mir selbst

Vor ein paar Jahren schrieb ich für ein Online-Magazin einen sehr ehrlichen Artikel über die Tage direkt nach der Geburt meiner ersten Tochter und bekam unheimlich viel Feedback dafür: „Ja, niemand hat uns gesagt, wie hart es wirklich sein würde!", oder: „Mutter sein ist so krass anstrengend!"

Nun, Muttersein ist unheimlich viel und natürlich ist es nicht nur anstrengend. Es verändert uns aber komplett. Und lange Zeit sträuben wir uns deshalb vielleicht noch dagegen. Wir wollen uns schließlich nicht verlieren, wollen uns selbst nicht total aufgeben und stecken doch immer wieder in der Klemme: Denn tatsächlich vereinnahmt uns das Muttersein total – ob wir nun wollen oder nicht. Und immer wieder bekommen wir dann das Gefühl zu versagen, niemandem gerecht zu werden und einfach nicht „gut genug" zu sein.

Ich bin jung Mama geworden, mit knapp 23 Jahren schon. Die Zeit danach war die schwerste meines Lebens, wie ich im ersten Kapitel schon beschrieben habe. Ich habe mein Kind geliebt, aber ich konnte mich schwer in meine Rolle als „Mama" einfinden.

Als unsere Tochter zwei Jahre alt war, trennten ihr Papa und ich uns. Das war sehr schwierig, da wir zudem noch angehende Pastoren in einer Freikirche waren. Es hat viele Menschen vor den Kopf gestoßen.

Die Trennung führte, so tragisch sie auch war, allerdings auch zu etwas wirklich Gutem: Ich wurde endlich Mama. Ich konnte mich endlich als Mama sehen und wurde eine dieser Übermütter, die basteln, malen, die Kinder möglichst lange selbst betreuen und komplett in ihrer Rolle aufgehen. Ich habe es geliebt, und diese Zeit als Alleinerziehende hat mich positiv verändert.

Kurze Zeit später lernte ich meinen jetzigen Mann kennen und wurde ungeplant schnell schwanger von ihm. Meine zweite Tochter wurde geboren und monatelang von mir getragen. Sie schlief in der Trage, während ich studierte, während ich ihre große Schwester von der Schule abholte und während ich meine ersten Artikel für eine regionale Zeitung schrieb.

Mein zweites Kind söhnte mich mit meiner Mutterrolle komplett aus, so genügsam, friedlich und freundlich, wie meine Tochter war. Es gab nichts Schöneres, als diese kleinen, runden Wangen zu küssen, ihren Babyduft einzuatmen und ihre ersten Schritte zu erleben.

In dieser Zeit heiratete ich auch meinen zweiten Mann und war eine Braut, die auf dem Standesamt nicht nur „Ja, ich will“ sagte, sondern: „Ja, unbedingt! Auf jeden Fall“, so glücklich war ich. Vier Jahre später kam Tochter Nummer drei. Ich studierte, begann nebenbei mit meiner Freiberuflichkeit, wir bauten ein Haus und mein Leben war einfach nur wunderschön.

Irgendwann in dieser Zeit stellte ich jedoch fest, dass ich mich gar nicht mehr als Priska, als Frau, wahrnahm. Es blieb neben Job und Familie kaum mehr Zeit übrig. Es war zwar keine komplette Selbstaufgabe, aber trotzdem ein „Sichverlieren“. Frau sein. Geliebte. Ehefrau. Freundin. Ich sein. Das war nebensächlich geworden.

Aber natürlich ist es das nicht, nebensächlich. Wir sind und bleiben Frauen – als ganz besondere, eigene Persönlichkeiten und als Frauen in einer Partnerschaft. Wir sind nicht „nur“ noch Mütter, sondern eben auch so viel mehr. Mama zu werden verändert uns komplett. Nicht nur unser Leben, sondern auch unser ganzes Wesen. Unausweichlich nehmen wir eine Identität an, die uns bis dahin noch völlig unbekannt war.

In diesen ganzen Jahren, in all den Höhen und Tiefen, in den vielen Glücksmomenten, aber auch den vielen Jahren voller Tränen, innerer Zerrissenheit und Unvollkommenheit, blieb eine Sache jedoch unabänderlich stehen: Ich bin eine Königstochter. Tochter eines großartigen Gottes, dem es seltsamerweise nicht egal ist, wie ich mich so durchs Leben schlage. Ich bin wertvoll, ich bin genug und ich bin geliebt.

In all meinen Verzweiflungsmomenten, in denen ich mich im Bad einschließe, um meine Tränen ungesehen loszuwerden, in denen ich mich hilflos, ungeliebt und unwürdig fühle, spricht er zu mir: „Du bist genug. Und genau das reicht vollkommen aus!“

Ich darf einfach sein, im Fluss des Lebens schwimmen, mich mal mehr, mal weniger als Frau fühlen, mal mehr, mal weniger genervt sein von den ständigen „Mama“-

Rufen, ich darf mal mehr, mal weniger mit meinem Leben hadern, aber diese eine Sache bleibt immer bestehen: Ich bin geliebt, genau wie ich bin. Ich bin super und perfekt unperfekt mit all meinen Unzulänglichkeiten. Ich darf mich selbst feiern, meine Tränen trocknen und stolz sein auf alles, was ich so rocke. Jesus klopft mir ebenfalls auf die Schulter, nimmt mich in den Arm und fegt mit mir die Krümel auf dem Boden unterm Esstisch auf.

Anmerkungen

1 Dr. med Michael Hauch: „Kindheit ist keine Krankheit. Wie wir unsere Kinder mit Tests und Therapien zu Patienten machen“, Fischer Taschenbuch, Frankfurt am Main 2015.
2 Veronika Schmidt: „Liebeslust. Unverschämt und echt genießen“, SCM Hänssler, Holzgerlingen 2015.
3 James L. Rubart: „Der Traum, der keiner war“, Gerth Medien, Asslar 2016.
4 Jennifer Allen: „Mach doch, was du liebst. Warum deine Gaben, Wünsche und Sehnsüchte kein Zufall sind“, Gerth Medien, Asslar 2020.
5 Godwin Lämmermann: „Eine kurze Kulturgeschichte der Ehe“, veröffentlicht auf: https://www.evangelisch.de/inhalte/85 859/02–07–2013/eine-kurze-kulturgeschichte-der-ehe (zuletzt aufgerufen am 04.05.2020).
6 Erschienen in der Family 6/2019, S. 48.
7 Aus einer de’ignis-Zeitschrift.

MIX
Papier aus verantwortungsvollen Quellen
FSC® C014496
FSC www.fsc.org

1. Auflage 2020
Bestell-Nr. 817676
ISBN 978-3-95734-676-6

Umschlaggestaltung: Hanni Plato
Satz: Greiner & Reichel, Köln
Fotos Innenteil: © Juliane Weicher (S. 83)
© Janina Sarah Westphal (S. 97)
Druck und Verarbeitung: GGP Media GmbH, Pößneck

Printed in Germany
www.gerth.de